KATRIN AHRENDS

DEUTSCHE KULTREZEPTE

– KOCHBUCH –

Email: info@edition-lunerion.de
www.edition-lunerion.de

Psiana eCom UG
Berumer Str. 44
26844 Jemgum

Vorwort

Kalter Hund, Jello-Salat, russische Eier oder Hähnchen-Cordon-bleu: Wer die Rock'n'Roll-Jahrzehnte des 20. Jahrhunderts erlebt hat, den katapultieren diese Gerichte direkt zurück zu wilden Partys, Picknick am See oder deftigem Essen mit den Schwiegereltern. Doch auch die jüngeren Generationen kennen die Namen berühmter Kultgerichte – also ganz gleich, welches Alter, schnappen Sie sich Kochlöffel und dieses Buch und tauchen Sie ein in legendäre Schlemmer-Geschichte!

Der Wohlstand stieg, internationale Einflüsse wurden sichtbar, Convenience-Food eroberte den Markt und die Hausfrauen wurden experimentierfreudiger: In den 60er-Jahren begann in deutschen Küchen eine Revolution, die perfekt zusammenpasste mit Rock'n'Roll, psychedelischen Blusen-Mustern und dem Lifestyle dieser wilden Epoche. Zum Glück brauchen Sie keine Zeitmaschine, um diese unvergesslichen Zeiten wieder aufleben zu lassen, sondern können mit den Rezepten in diesem Buch in Erinnerungen schwelgen. Ob Party-Food, Vorspeisen, Hauptgerichte, süße Leckereien oder auch Drinks, hier bringen Sie das Original-Flair der alten Zeiten ganz einfach auf den Tisch und begeistern mit kultiger Kulinarik Fleischfans, Fischfreaks und Veggies gleichermaßen.

Guten Appetit!

INHALT

Das ist Kult!

Tauchen Sie ein in die Welt der knalligen Farben, psychedelischen Muster und schrillen Designs, während wir Sie durch die Rezepte führen, die in den Küchen von damals so beliebt waren. Von herzhaften Partysnacks und raffinierten Vorspeisen über deftige Hauptgerichte bis hin zu verführerischen Desserts und erfrischenden Getränken – wir haben die Hits dieser Zeit für Sie aufbereitet und in einer zeitgemäßen Form präsentiert.

Egal, ob Sie die Gerichte Ihrer Jugend wieder aufleben lassen möchten oder einfach nur neugierig sind, welche kulinarischen Schätze diese Ära bereithielt, dieses Kochbuch ist wie für Sie gemacht. Freuen Sie sich auf den Geschmack von Nostalgie, während Sie die Rezepte nachkochen und sich von den Aromen vergangener Tage verzaubern lassen.

Entdecken Sie die Geheimnisse der berühmten Klassiker wie Jello-Salat, Hackbraten und mehr. Lassen Sie sich von den kreativen Kombinationen und Experimenten inspirieren, die diese Ära geprägt haben, und machen Sie sich bereit, Ihre Familie und Freunde mit diesen zeitlosen Rezepten zu begeistern.

In diesem Kochbuch möchten wir Ihnen eine bunte Palette an Kultrezepten präsentieren, die die Esskultur der 60er, 70er und 80er Jahre geprägt haben. Es war eine Zeit des Aufbruchs und des Wandels, in der die Menschen experimentierfreudig waren und neue kulinarische Trends entdeckten.

In den 60er Jahren wurde die Küche zunehmend internationaler. Exotische Zutaten und Gewürze fanden ihren Weg in die heimischen Kochtöpfe. Gerichte wie Currywurst, Coq au Vin und Bœuf Stroganoff erfreuten sich großer Beliebtheit und brachten den Geschmack der Welt auf den Tisch.

Die 70er Jahre waren von einer wachsenden Gesundheitsbewegung geprägt. Vegetarische und vegane Gerichte gewannen an Bedeutung und das Bewusstsein für eine ausgewogene Ernährung wurde immer stärker. Sie werden in diesem Buch Rezepte wie Linsenbraten, Kartoffelpuffer und Waldorfsalat finden, die den Zeitgeist dieser Ära widerspiegeln.

In den 80er Jahren erlebte die Convenience-Küche ihren Durchbruch. Fertiggerichte und Mikrowellengerichte wurden immer populärer. Gleichzeitig entstanden jedoch auch raffinierte Rezepte, die Anspruch auf eine gehobene Küche erhoben. Gerichte wie Lachs im Blätterteig, überbackene Nudelaufläufe und kunstvoll dekorierte Torten wurden zu wahren Klassikern.

Wir möchten Sie einladen, diese kulinarische Zeitreise mit uns anzutreten und die Kultrezepte der vergangenen Jahrzehnte zu entdecken. Ob Sie nach einem besonderen Party-Snack für Ihre nächste Feier suchen oder einfach nur die Geschmäcker Ihrer Jugend wieder aufleben lassen möchten, in diesem Kochbuch werden Sie fündig!

Frühstück

KÄSE-SCHINKEN-AUFSTRICH

8 Port.

15 Min.

Leicht

Zutaten

100 g gekochter Schinken
100 g geriebener Käse (z. B. Cheddar oder Gouda)
3 EL Mayonnaise
2 EL saure Sahne oder Joghurt
1 EL gehackte frische Petersilie oder Schnittlauch
1 TL Dijon-Senf
Salz und Pfeffer nach Geschmack

Nährwerte p. P.

140 kcal
1 g Kohlenhydraten
12 g Fett
7 g Protein
0 g Ballaststoffe

1 Den gekochten Schinken fein hacken oder in kleine Würfel schneiden.

2 In einer Schüssel den gehackten Schinken, den geriebenen Käse, die Mayonnaise, die saure Sahne oder den Joghurt, die gehackte Petersilie oder den Schnittlauch und den Dijon-Senf vermischen. Rühren Sie alles gut um, bis alle Zutaten gut kombiniert sind.

3 Mit Salz und Pfeffer abschmecken und gegebenenfalls anpassen. Den Käse-Schinken-Aufstrich auf Brot, Brötchen oder Crackern verteilen und servieren.

ERDNUSSBUTTER

8 Port. 15 Min. Leicht

Zutaten

250 g ungesalzene Erdnüsse (geröstet oder ungeröstet)

Optional:
1–2 EL Erdnussöl
1–2 EL Honig oder Ahornsirup
Prise Salz

Nährwerte p. P.

90 kcal
3 g Kohlenhydrate
8 g Fett
4 g Protein
1 g Ballaststoffe

1 Zerkleinern Sie die Erdnüsse: Geben Sie sie dazu in einen Mixer oder eine Küchenmaschine. Je nach Vorliebe können Sie entweder grob gehackte Erdnüsse oder feiner zerkleinerte Nüsse verwenden. Mixen Sie die Erdnüsse, bis sie in die gewünschte Konsistenz gebracht sind.

2 Cremige Erdnussbutter (optional): Wenn Sie eine cremigere Textur bevorzugen, können Sie nach Bedarf Erdnussöl hinzufügen. Das Öl hilft dabei, die Erdnussbutter geschmeidiger zu machen. Geben Sie das Öl langsam hinzu und mixen Sie weiter, bis die gewünschte Konsistenz erreicht ist.

3 Süßere Variante (optional): Wenn Sie eine süßere Erdnussbutter wünschen, können Sie Honig oder Ahornsirup hinzufügen. Beachten Sie jedoch, dass dies den Zuckergehalt erhöht. Geben Sie den Honig oder Ahornsirup nach Ihrem Geschmack hinzu und mixen Sie erneut, um die Süße gleichmäßig zu verteilen.

4 Salz hinzufügen: Geben Sie eine Prise Salz nach Belieben hinzu, um den Geschmack der Erdnussbutter zu intensivieren. Mixen Sie die Zutaten erneut, um das Salz gut zu verteilen.

5 Aufbewahrung: Füllen Sie die selbst gemachte Erdnussbutter in ein sauberes Glas oder einen Behälter und verschließen Sie es gut. Bewahren Sie die Erdnussbutter im Kühlschrank auf, wo sie etwa 2-3 Wochen haltbar bleibt.

KRÄUTERFRISCHKÄSE

8 Port. | 15 Min. | Leicht

Zutaten

200 g Frischkäse
2 EL gehackte frische Kräuter (z. B. Petersilie, Schnittlauch, Dill, Basilikum)
Saft einer halben Zitrone
Salz und Pfeffer nach Geschmack

Optional:
1 Knoblauchzehe, fein gehackt

Nährwerte p. P.

80 kcal
2 g Kohlenhydrate
6 g Fett
4 g Protein
0 g Ballaststoffe

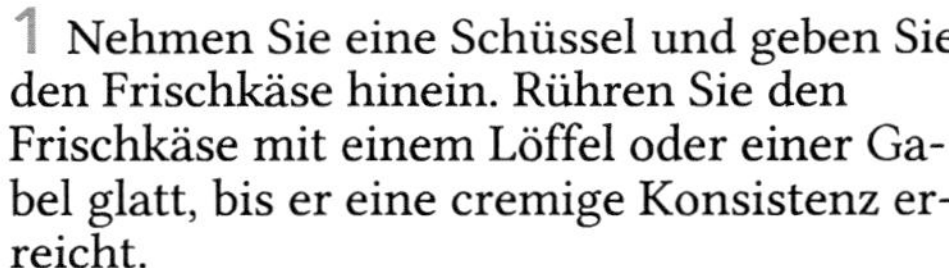

1 Nehmen Sie eine Schüssel und geben Sie den Frischkäse hinein. Rühren Sie den Frischkäse mit einem Löffel oder einer Gabel glatt, bis er eine cremige Konsistenz erreicht.

2 Hacken Sie die frischen Kräuter Ihrer Wahl fein. Beliebte Optionen sind Petersilie, Schnittlauch, Dill oder Basilikum. Sie können entweder eine Mischung aus verschiedenen Kräutern verwenden oder sich für eine spezifische Sorte entscheiden.

3 Geben Sie die gehackten Kräuter zum Frischkäse in die Schüssel. Optional können Sie fein gehackten Knoblauch hinzufügen. Vermischen Sie die Zutaten gut, sodass die Kräuter und der Knoblauch gleichmäßig im Frischkäse verteilt sind.

4 Drücken Sie eine halbe Zitrone aus und geben Sie den Saft zum Kräuterfrischkäse. Durch den Zitronensaft wird der Geschmack des Aufstrichs verfeinert und bekommt eine leicht säuerliche Note. Rühren Sie erneut gut um, um den Zitronensaft gleichmäßig zu verteilen.

5 Schmecken Sie den Kräuterfrischkäse mit Salz und Pfeffer ab. Geben Sie zunächst eine Prise Salz und eine Prise Pfeffer hinzu und probieren Sie dann den Aufstrich. Je nach Geschmack können Sie mehr Salz oder Pfeffer hinzufügen, um den Kräuterfrischkäse perfekt auf Ihren Gaumen abzustimmen.

6 Sobald der Kräuterfrischkäse gut abgeschmeckt ist, füllen Sie ihn in ein sauberes Glas oder eine Schüssel. Verschließen Sie das Gefäß und bewahren Sie den Kräuterfrischkäse im Kühlschrank auf. Dort bleibt er etwa 3-4 Tage lang frisch und genießbar.

PANCAKES

4 Port.

20 Min.

Leicht

Zutaten

200 g Mehl
2 EL Zucker
2 TL Backpulver
1 Prise Salz
250 ml Milch
1 Ei
2 EL geschmolzene Butter oder Pflanzenöl
Butter oder Öl zum Braten der Pancakes

Optional:
Vanilleextrakt oder Zitronenabrieb für zusätzlichen Geschmack

Nährwerte p. P.

250 kcal
33 g Kohlenhydrate
8 g Fett
7 g Protein
1 g Ballaststoffe

1 Vermischen Sie das Mehl, den Zucker, das Backpulver und das Salz in einer Schüssel gründlich miteinander.

2 In einer separaten Schüssel verquirlen Sie die Milch, das Ei und die geschmolzene Butter oder das Pflanzenöl. Falls gewünscht, können Sie auch Vanilleextrakt oder Zitronenabrieb hinzufügen und gut vermischen.

3 Gießen Sie die flüssigen Zutaten langsam in die Schüssel mit den trockenen Zutaten und rühren Sie vorsichtig um, bis ein glatter Teig entsteht. Achten Sie darauf, den Teig nicht zu stark zu rühren, um zarte Pancakes zu bekommen.

4 Erhitzen Sie eine Pfanne bei mittlerer Hitze und lassen Sie etwas Butter oder Öl darin schmelzen.

5 Gießen Sie den Teig portionsweise in die Pfanne, je nach gewünschter Größe der Pancakes. Braten Sie die Pancakes von beiden Seiten goldbraun, bis sie durchgegart sind.

6 Stapeln Sie die fertigen Pancakes auf einem Teller und halten Sie sie warm, während Sie den restlichen Teig verarbeiten.

7 Servieren Sie die Pancakes nach Belieben mit Ahornsirup, frischen Früchten, Joghurt oder Schlagsahne.

FRENCH TOAST

4 Port.

20 Min.

Leicht

Zutaten

4 Scheiben altbackenes Brot (z. B. Weißbrot oder Toast)
2 Eier
120 ml Milch
1 TL Zucker
1 TL Vanillezucker
Eine Prise Salz
Butter oder Öl zum Braten

Optional:
Ahornsirup oder Puderzucker zum Servieren

Nährwerte p. P.

280 kcal
38 g Kohlenhydrate
9 g Fett
12 g Protein

1 In einer flachen Schüssel werden die Eier, die Milch, der Zucker, der Vanillezucker und eine Prise Salz gründlich verquirlt, bis eine homogene Mischung entsteht.

2 Die Scheiben altbackenes Brot werden in die Eier-Milch-Mischung eingetaucht, sodass beide Seiten des Brotes gut damit benetzt sind. Es ist wichtig, das Brot für einige Sekunden in der Mischung einzuweichen, damit es den Geschmack aufnehmen kann.

3 In einer Pfanne wird bei mittlerer Hitze etwas Butter oder Öl geschmolzen.

4 Die eingeweichten Brotscheiben werden vorsichtig in die Pfanne gegeben und von beiden Seiten goldbraun gebraten. Je nach Größe der Pfanne können Sie mehrere Scheiben gleichzeitig braten oder sie nacheinander braten und warmhalten, während Sie die restlichen Scheiben zubereiten.

5 Die fertigen French Toasts werden auf einem Teller angerichtet und nach Belieben mit Ahornsirup oder Puderzucker garniert.

6 Servieren Sie die French Toasts warm und genießen Sie sie als köstliches Frühstück oder Brunch. Sie können sie gerne mit frischen Früchten, Joghurt oder Schlagsahne ergänzen, um das Geschmackserlebnis zu variieren.

7 Bitte beachten Sie, dass die Garzeit der French Toasts von der Hitze der Pfanne abhängt. Achten Sie darauf, sie gründlich zu braten, sodass sie innen weich und außen knusprig werden.

ZWIEBELBROT

6 Port.

2 Std.

Leicht

Zutaten

500 g Weizenmehl
1 Päckchen Trockenhefe
1 TL Zucker
1 TL Salz
300 ml lauwarmes Wasser
2 große Zwiebeln
2 EL Olivenöl

Optional:
Sesam- oder Mohnsamen zum Bestreuen

Nährwerte p. P.

240 kcal
46 g Kohlenhydrate
3 g Fett
7 g Protein
3 g Ballaststoffe

1 Vermengen Sie das Mehl, die Trockenhefe, den Zucker und das Salz in einer großen Schüssel gründlich miteinander. Formen Sie eine Mulde in der Mitte des Mehls.

2 Gießen Sie langsam das lauwarme Wasser in die Mulde und mischen Sie es allmählich mit dem Mehl, bis ein weicher Teig entsteht. Kneten Sie den Teig auf einer bemehlten Oberfläche für etwa 5-10 Minuten, bis er elastisch und glatt ist.

3 Geben Sie den Teig zurück in die Schüssel, decken Sie ihn mit einem sauberen Geschirrtuch ab und lassen Sie ihn an einem warmen Ort etwa eine Stunde ruhen, bis er sein Volumen verdoppelt hat.

4 Während der Teig ruht, schälen Sie die Zwiebeln und hacken Sie sie fein. Erhitzen Sie das Olivenöl in einer Pfanne und braten Sie die Zwiebeln bei mittlerer Hitze goldbraun und weich. Nehmen Sie die Pfanne vom Herd und lassen Sie die Zwiebeln abkühlen.

5 Nehmen Sie den aufgegangenen Teig aus der Schüssel und kneten Sie ihn auf einer bemehlten Oberfläche erneut kurz, um die Luft herauszudrücken. Geben Sie die Zwiebeln zum Teig und vermischen Sie sie gründlich, bis sie gleichmäßig verteilt sind.

6 Formen Sie den Teig zu einem Laib und legen Sie ihn auf ein mit Backpapier ausgelegtes Backblech. Optional können Sie das Brot mit Sesam- oder Mohnsamen bestreuen.

7 Decken Sie das Brot erneut mit einem Geschirrtuch ab und lassen Sie es an einem warmen Ort für weitere 30-45 Minuten ruhen, bis es leicht aufgegangen ist.

8 Währenddessen heizen Sie den Backofen auf 200 °C (Umluft) vor. Backen Sie das Zwiebelbrot im vorgeheizten Ofen für etwa 25-30 Minuten, bis es goldbraun ist und beim Klopfen auf die Unterseite hohl klingt.

9 Nehmen Sie das Zwiebelbrot aus dem Ofen und lassen Sie es auf einem Rost vollständig abkühlen, bevor Sie es anschneiden und servieren.

ROSINENBROT

6 Port.

2 Std.

Leicht

Zutaten

300 g Weizenmehl
200 g Dinkelmehl
1 Päckchen Trockenhefe
1 TL Salz
2 EL Zucker
250 ml lauwarmes Wasser
50 g Butter, geschmolzen
100 g Rosinen

Nährwerte p. P.

200 kcal
38 g Kohlenhydrate
3 g Fett
5 g Eiweiß
2 g Ballaststoffe

1 Mischen Sie das Weizenmehl, das Dinkelmehl, die Trockenhefe, das Salz und den Zucker in einer großen Schüssel gründlich zusammen.

2 Geben Sie das lauwarme Wasser hinzu und kneten Sie alle Zutaten zu einem glatten Teig. Sollte der Teig zu trocken sein, fügen Sie etwas mehr Wasser hinzu. Ist er hingegen zu klebrig, können Sie etwas mehr Mehl unter kneten.

3 Decken Sie den Teig ab und lassen Sie ihn an einem warmen Ort etwa eine Stunde ruhen, bis er sein Volumen verdoppelt hat.

4 Währenddessen können Sie die Rosinen in warmem Wasser einweichen und anschließend gut abtropfen lassen.

5 Nachdem der Teig aufgegangen ist, kneten Sie ihn kurz auf einer leicht bemehlten Arbeitsfläche erneut durch und verteilen Sie die Rosinen gleichmäßig darin.

6 Formen Sie den Teig zu einem Laib und platzieren Sie ihn in einer gefetteten Kastenform. Decken Sie den Teig erneut ab und lassen Sie ihn für etwa 30-45 Minuten weitergehen, bis er wieder aufgegangen ist.

7 Heizen Sie den Backofen auf 180 °C vor. Backen Sie das Rosinenbrot auf der mittleren Schiene für etwa 30-35 Minuten, bis es eine goldbraune Kruste entwickelt und es beim Klopfen auf die Unterseite hohl klingt.

8 Nehmen Sie das fertige Rosinenbrot aus dem Ofen und lassen Sie es auf einem Rost vollständig abkühlen, bevor Sie es anschneiden und servieren.

Tipp: Genießen Sie das Rosinenbrot als köstlichen Begleiter zum Frühstück oder als leckeren Snack. Guten Appetit!

Desserts & Gebäck

FANTA-KUCHEN

8 Port.

1 Std.

Leicht

Zutaten

250 g weiche Butter
250 g Zucker
4 Eier
350 g Mehl
1 Päckchen Backpulver
200 ml Fanta
Abrieb einer Bio-Zitrone
1 Prise Salz
Puderzucker zum Bestäuben

Nährwerte p. P.

347 kcal
46 g Kohlenhydrate
16 g Fett
4 g Eiweiß

1 Heizen Sie den Ofen auf 180 °C (Ober- /Unterhitze) vor und fetten Sie eine runde Backform (ca. 26 cm Durchmesser) oder eine rechteckige Form leicht ein.

2 Rühren Sie die weiche Butter und den Zucker in einer großen Schüssel cremig. Fügen Sie die Eier einzeln hinzu und rühren Sie jedes Ei gründlich unter. Mischen Sie das Mehl und das Backpulver in einer separaten Schüssel.

3 Geben Sie abwechselnd die Fanta und die Mehlmischung zur Butter-Zucker-Mischung hinzu. Beginnen und enden Sie mit der Mehlmischung. Rühren Sie nach jeder Zugabe nur so lange, bis die Zutaten gerade miteinander vermengt sind.

4 Rühren Sie den Zitronenabrieb und eine Prise Salz in den Teig ein. Gießen Sie den Teig in die vorbereitete Backform und glätten Sie die Oberfläche.

5 Backen Sie den Kuchen für etwa 35-40 Minuten, bis er goldbraun ist und ein eingesteckter Zahnstocher sauber herauskommt.

6 Lassen Sie den Kuchen in der Form für etwa 10 Minuten abkühlen, bevor Sie ihn auf ein Kuchengitter stürzen, um ihn vollständig auskühlen zu lassen.

7 Bestäuben Sie den Fanta-Kuchen vor dem Servieren mit Puderzucker.

Tipp: Genießen Sie Ihren selbst gemachten Fanta-Kuchen! Bitte beachten Sie, dass die Backzeit variieren kann, daher ist es ratsam, den Kuchen während des Backvorgangs im Auge zu behalten und die Stäbchenprobe durchzuführen, um sicherzustellen, dass er vollständig durchgebacken ist.

DONAUWELLEN

8 Port.

2 Std.

Mittel

Zutaten

Zutaten für den Teig:
200 g weiche Butter
200 g Zucker
1 Päckchen Vanillezucker
4 Eier
300 g Mehl
2 TL Backpulver
4 EL Kakaopulver
125 ml Milch
1 Prise Salz

Zutaten für die Kirschfüllung:
1 Glas Kirschen (ca. 350 g Abtropfgewicht)
1–2 EL Zucker
1 EL Speisestärke

Zutaten für die Buttercreme:
500 ml Milch
4 EL Zucker
1 Päckchen Vanillepuddingpulver
200 g weiche Butter

Zutaten für die Dekoration:
100 g Schokoladenglasur

Nährwerte p. P.

287 kcal
44 g Kohlenhydrate
22 g Fett
5 g Eiweiß

1 Heizen Sie den Ofen auf 180 °C (Ober- /Unterhitze) vor und fetten Sie eine rechteckige Backform (ca. 30 × 40 cm) leicht ein.

2 Für den Teig geben Sie die weiche Butter, Zucker, Salz und Vanillezucker in eine große Schüssel und rühren alles cremig.

3 Fügen Sie nach und nach die Eier hinzu und rühren Sie jedes Ei gründlich unter.

4 Mischen Sie das Mehl und Backpulver in einer separaten Schüssel. Geben Sie die Hälfte der Mischung zur Butter-Zucker-Masse und rühren Sie sie gut um.

5 Fügen Sie die Milch hinzu und rühren Sie erneut. Geben Sie dann die restliche Mehl-Mischung hinzu und rühren Sie, bis alle Zutaten gut vermengt sind.

6 Teilen Sie den Teig in zwei Hälften. In eine Hälfte rühren Sie das Kakaopulver ein.

7 Gießen Sie den hellen Teig in die vorbereitete Backform und glätten Sie die Oberfläche. Geben Sie die abgetropften Kirschen auf den hellen Teig und verteilen Sie sie gleichmäßig.

8 Für die Kirschfüllung verrühren Sie den Zucker und die Speisestärke in einem kleinen Topf. Geben Sie etwas Kirschsaft aus dem Glas hinzu und rühren Sie, bis sich die Stärke aufgelöst hat. Fügen Sie dann den restlichen Kirschsaft hinzu und erhitzen Sie die Mischung unter Rühren, bis sie eindickt. Verteilen Sie die Kirschfüllung gleichmäßig über den Kirschen.

9 Verteilen Sie den dunklen Teig auf der Kirschfüllung und glätten Sie die Oberfläche.

10 Backen Sie die Donauwelle für etwa 30-35 Minuten, bis sie goldbraun ist. Stellen Sie sicher, dass ein eingesteckter Zahnstocher sauber herauskommt, um zu überprüfen, ob der Teig durchgebacken ist. Lassen Sie die Donauwelle anschließend in der Form vollständig abkühlen.

11 Während die Donauwelle abkühlt, können Sie die Buttercreme zubereiten. Dafür geben Sie die Milch, den Zucker und das Vanillepuddingpulver in einen Topf und kochen es unter ständigem Rühren auf. Lassen Sie den Pudding abkühlen und rühren Sie ihn gelegentlich um, um die Bildung einer Haut zu verhindern.

12 Anschließend rühren Sie in einer separaten Schüssel die weiche Butter cremig. Fügen Sie nach und nach den abgekühlten Pudding hinzu und rühren Sie die Mischung, bis eine glatte Creme entsteht.

13 Nehmen Sie die abgekühlte Donauwelle aus der Form und bestreichen Sie sie großzügig mit der Buttercreme.

14 Schmelzen Sie die Schokoladenglasur nach Anleitung und verteilen Sie sie gleichmäßig über die Buttercreme. Sie können dabei Muster ziehen oder die Glasur einfach glatt streichen.

15 Lassen Sie die Glasur vollständig aushärten und schneiden Sie die Donauwelle anschließend in Stücke.

MAULWURFKUCHEN

 8 Port.

 1 Std.

 Leicht

Zutaten

Zutaten für den Teig:
200 g weiche Butter
200 g Zucker
1 Päckchen Vanillezucker
4 Eier
200 g Mehl
50 g Kakaopulver
2 TL Backpulver
100 ml Milch
1 Prise Salz

Zutaten für die Füllung:
400 ml Schlagsahne
2 Päckchen Vanillezucker
2 TL Instant-Espressopulver
200 g Schokoladenraspel oder Schokostreusel

Zutaten für die Dekoration:
Puderzucker zum Bestäuben

Optional:
Gummimaulwürfe für die Verzierung

Nährwerte p. P.

399 kcal
35 g Kohlenhydrate
27 g Fett
6 g Eiweiß

1 Heizen Sie den Ofen auf 180 °C (Ober- /Unterhitze) vor und fetten Sie eine runde Springform (ca. 26 cm Durchmesser) leicht ein.

2 Rühren Sie die weiche Butter, den Zucker und den Vanillezucker in einer großen Schüssel cremig. Fügen Sie nach und nach die Eier hinzu und rühren Sie jedes Ei gründlich unter.

3 Mischen Sie das Mehl, Kakaopulver, Backpulver und Salz in einer separaten Schüssel. Geben Sie die Mehlmischung abwechselnd mit der Milch zur Butter-Zucker-Mischung hinzu. Rühren Sie nach jeder Zugabe nur so lange, bis die Zutaten gerade miteinander vermengt sind.

4 Gießen Sie den Teig in die vorbereitete Springform und glätten Sie die Oberfläche. Backen Sie den Kuchen für etwa 30-35 Minuten, bis er aufgegangen ist und ein eingesteckter Zahnstocher sauber herauskommt.

5 Lassen Sie den Kuchen in der Form für etwa 10 Minuten abkühlen, bevor Sie ihn auf ein Kuchengitter stürzen, um ihn vollständig auskühlen zu lassen. Sobald der Kuchen vollständig abgekühlt ist, schneiden Sie mit einem Messer eine dünne Schicht vom oberen Teil des Kuchens ab, um eine glatte Oberfläche zu erhalten.

6 Mit einem Löffel oder einem Kuchenausstecher entfernen Sie vorsichtig einen Teil des Kuchens in der Mitte, um eine Mulde zu formen. Stellen Sie sicher, dass Sie dabei einen Rand von etwa 2 cm stehen lassen.

7 Für die Füllung schlagen Sie die Sahne mit dem Vanillezucker steif. Geben Sie das Instant-Espressopulver hinzu und rühren Sie es vorsichtig unter.

8 Füllen Sie die Mulde im Kuchen mit der Sahnefüllung und streichen Sie sie glatt. Bestreuen Sie die Sahnefüllung großzügig mit Schokoladenraspeln oder Schokostreuseln. Diese dienen als "Erde" auf dem Maulwurfshügel.

9 Setzen Sie den abgeschnittenen Teil des Kuchens wieder auf die Sahnefüllung, um den Maulwurfshügel zu formen. Bestäuben Sie den Kuchen vor dem Servieren mit Puderzucker, um einen schneeweißen Effekt zu erzielen.

10 Optional können Sie den Kuchen mit Gummimaulwürfen oder anderen Dekorationen verzieren, um das Thema zu verstärken.

WACKELPUDDING

6 Port.

3 Std.

Leicht

Zutaten

1 Packung (ca. 85 g) Wackelpudding-Pulver (Geschmack nach Wahl)
500 ml Wasser

Nährwerte p. P.

100 kcal
25 g Kohlenhydrate
20 g Zucker
0 g Fett

1 Erhitzen Sie das Wasser in einem Topf, bis es kurz vor dem Kochen steht.

2 Rühren Sie das Wackelpudding-Pulver langsam in das heiße Wasser ein, bis es komplett gelöst ist. Nehmen Sie den Topf vom Herd und lassen Sie die Mischung etwas abkühlen.

3 Gießen Sie den Wackelpudding in eine Schüssel oder einzelne Dessertgläser.

4 Stellen Sie die Schüssel oder Gläser in den Kühlschrank und lassen Sie den Pudding für mindestens 2-3 Stunden fest werden.

BIENENSTICH

8 Port.

3 Std.

Leicht

Zutaten

Zutaten für den Teig:
250 g Mehl
20 g Zucker
1 Prise Salz
1 Päckchen Trockenhefe
125 ml lauwarme Milch
50 g weiche Butter
1 Ei

Zutaten für die Füllung:
500 ml Milch
3 Eigelb
100 g Zucker
40 g Maismehl
1 TL Vanilleextrakt

Zutaten für den Belag:
100 g Butter
100 g Zucker
2 EL Honig
100 g gehobelte Mandeln

Nährwerte p. P.

400 kcal
0 g Kohlenhydrate
30 g Zucker
20 g Fett
8 g Protein
3 g Ballaststoffe

Für den Teig:

1 Vermischen Sie Mehl, Zucker, Salz und Trockenhefe in einer Schüssel. Fügen Sie lauwarme Milch, weiche Butter und ein Ei hinzu. Kneten Sie alle Zutaten zu einem glatten Teig.

2 Lassen Sie den Teig abgedeckt an einem warmen Ort circa eine Stunde gehen, bis er sein Volumen verdoppelt hat.

Für die Füllung:

1 Verrühren Sie Milch, Eigelb, Zucker und Maismehl gründlich in einem Topf.

2 Erhitzen Sie die Mischung unter ständigem Rühren auf mittlerer Hitze, bis sie eindickt.

3 Nehmen Sie den Topf vom Herd und fügen Sie Vanilleextrakt hinzu. Lassen Sie die Creme abkühlen.

Für den Belag:

1 Erhitzen Sie Butter, Zucker und Honig in einem Topf, bis sich der Zucker aufgelöst hat. Fügen Sie gehobelte Mandeln hinzu und vermengen Sie alles gut miteinander.

2 Geben Sie den Teig in eine gefettete Springform und verteilen Sie ihn gleichmäßig. Bestreichen Sie den Teig mit der abgekühlten Creme.

3 Geben Sie den Belag aus Butter, Zucker und Mandeln über die Creme und drücken Sie ihn leicht an.

4 Backen Sie den Bienenstich im vorgeheizten Ofen bei 180 °C (Umluft) ca. 25-30 Minuten, bis er goldbraun ist.

5 Lassen Sie den Bienenstich abkühlen und lösen Sie ihn aus der Springform.

KÄSEKUCHEN MIT MANDARINEN

8 Port. | 1 Std. 15 Min. | Leicht

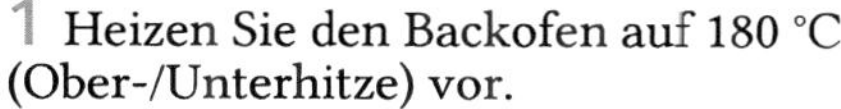

Zutaten

200 g Vollkornkekse
100 g geschmolzene Butter
500 g Quark
200 g Frischkäse
150 g Zucker
4 Eier
1 TL Vanilleextrakt
1 Dose Mandarinen (ca. 300 g Abtropfgewicht)

Optional:
Puderzucker zum Bestreuen

Nährwerte p. P.

360 kcal
31 g Kohlenhydrate
22 g Fett
11 g Protein

1 Heizen Sie den Backofen auf 180 °C (Ober-/Unterhitze) vor.

2 Zerbröseln Sie die Vollkornkekse entweder in einem Mixer oder geben Sie sie in einen verschließbaren Beutel und zerkleinern Sie sie mit einem Nudelholz.

3 Vermischen Sie die Keksbrösel mit der geschmolzenen Butter, bis sie gut verbunden sind.

4 Verteilen Sie die Keksmischung gleichmäßig auf dem Boden einer mit Backpapier ausgelegten Springform (ca. 24 cm Durchmesser) und drücken Sie sie gut fest. Stellen Sie die Form in den Kühlschrank, während Sie die Füllung zubereiten.

5 Verrühren Sie den Quark, den Frischkäse, den Zucker, die Eier und den Vanilleextrakt in einer großen Schüssel gut miteinander, bis eine glatte Masse entsteht.

6 Lassen Sie die Mandarinen abtropfen und heben Sie sie vorsichtig unter die Quarkmasse.

7 Geben Sie die Füllung auf den Keksboden in der Springform und streichen Sie sie glatt.

8 Backen Sie den Käsekuchen im vorgeheizten Ofen für etwa 45-50 Minuten, bis er goldbraun und in der Mitte leicht fest ist.

9 Nehmen Sie den Kuchen aus dem Ofen und lassen Sie ihn vollständig abkühlen.

10 Optional können Sie den Kuchen vor dem Servieren mit etwas Puderzucker bestreuen.

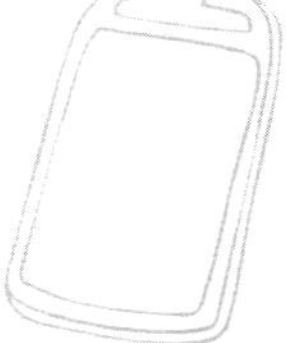

KALTER HUND

8 Port.

1 Std. 15 Min.

Leicht

Zutaten

200 g Butter
200 g Puderzucker
2 Eier
2 TL Vanillezucker
4 EL ungesüßtes Kakaopulver
250 g Vollkornbutterkekse

Optional:
Schokoladenstreusel oder gehackte Nüsse zum Garnieren

Nährwerte p. P.

280 kcal
29 g Kohlenhydrate
17 g Fett
3 g Protein

1 Schmelzen Sie die Butter in einem Topf und lassen Sie sie etwas abkühlen. Geben Sie den Puderzucker, die Eier und den Vanillezucker zusammen mit der Butter in eine große Schüssel. Vermischen Sie sie gut miteinander.

2 Fügen Sie das Kakaopulver zur Masse hinzu und rühren Sie gründlich um, bis eine gleichmäßige Schokocreme entsteht.

3 Brechen Sie die Butterkekse in kleine Stücke und geben Sie sie zur Schokocreme. Rühren Sie sorgfältig um, bis alle Kekse gleichmäßig mit der Creme bedeckt sind.

4 Legen Sie eine Kastenform (ca. 20 cm) mit Backpapier aus. Geben Sie die Schoko-Keks-Mischung in die Form und verteilen Sie sie gleichmäßig.

5 Stellen Sie den Kalten Hund für mindestens vier Stunden oder über Nacht in den Kühlschrank, damit er fest wird.

6 Nehmen Sie den Kalten Hund vor dem Servieren aus der Form und schneiden Sie ihn in Scheiben.

7 Garnieren Sie ihn nach Belieben mit Schokoladenstreuseln oder gehackten Nüssen.

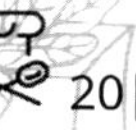

WINDBEUTEL

4 Port.

40 Min.

Leicht

Zutaten

125 ml Wasser
60 g Butter
75 g Mehl
2 Eier
1 Prise Salz
250 ml Schlagsahne
Puderzucker zum Bestreuen

Nährwerte p. P.

230 kcal
17 g Kohlenhydrate
18 g Fett
3 g Protein

8 Heizen Sie den Backofen auf 200 °C Umluft vor.

1 Bringen Sie das Wasser mit der Butter und einer Prise Salz in einem Topf zum Kochen.

2 Fügen Sie das Mehl auf einmal hinzu und rühren Sie kräftig mit einem Holzlöffel, bis sich der Teig vom Topfboden löst und ein glatter Teigklumpen entsteht. Geben Sie den Teig in eine Schüssel und lassen Sie ihn etwas abkühlen.

3 Fügen Sie die Eier einzeln zum Teig hinzu und arbeiten Sie sie gut mit einem Mixer oder Schneebesen ein, bis ein glatter Teig entsteht.

4 Füllen Sie den Teig in einen Spritzbeutel mit großer Lochtülle. Spritzen Sie gleichmäßig große Teigkugeln auf ein mit Backpapier ausgelegtes Backblech.

5 Backen Sie die Windbeutel im vorgeheizten Backofen für ca. 20-25 Minuten goldbraun. Öffnen Sie dabei die Ofentür nicht, da die Windbeutel sonst zusammenfallen könnten.

6 Nehmen Sie die gebackenen Windbeutel aus dem Ofen und lassen Sie sie vollständig abkühlen.

7 Schlagen Sie die Schlagsahne steif und füllen Sie sie in einen Spritzbeutel mit kleiner Lochtülle.

8 Halbieren Sie die abgekühlten Windbeutel vorsichtig und füllen Sie sie mit der Sahne.

9 Bestreuen Sie sie mit Puderzucker und servieren Sie sie.

BANANENSPLIT

3 Port.

10 Min.

Leicht

Zutaten

2 reife Bananen
3 Kugeln Vanilleeis
Schokoladensoße
Erdbeersoße
Schlagsahne

Optional:
Gehackte Nüsse
Bunte Streusel
Kirschen

Nährwerte p. P.

400 kcal
60 g Kohlenhydrate
14 g Fett
6 g Protein

1 Halbieren Sie die Bananen längs und legen Sie sie in eine längliche Servierschale. Platzieren Sie je eine Kugel Vanilleeis zwischen die Bananenhälften.

2 Gießen Sie großzügig Schokoladensoße und Erdbeersoße über die Bananen und das Eis, um sie zu überziehen.

3 Nach Belieben können Sie nun Schlagsahne, gehackte Nüsse, bunte Streusel und Kirschen darüber verteilen, um Ihrem Bananensplit zusätzlichen Geschmack und ein besonderes Aussehen zu verleihen.

4 Servieren Sie das Bananensplit sofort, damit es schön gekühlt ist und die Zutaten noch frisch sind. Genießen Sie dieses köstliche Dessert!

SCHWARZWÄLDER KIRSCHTORTE

8 Port. 2,5 Std. Leicht

Zutaten

Zutaten für den Teig:
200 g Zucker
6 Eier
150 g Mehl
50 g Kakao
1 TL Backpulver
1 Prise Salz

Zutaten für die Füllung und Dekoration:
700 ml Sahne
2 EL Zucker
1 TL Vanillezucker
500 g Kirschen (entsteint)
4 EL Kirschwasser
Schokoraspeln

Nährwerte p. P.

450 kcal
40 g Kohlenhydrate
30 g Fett
6 g Protein

1 Heizen Sie den Backofen auf 180 °C Umluft vor.

2 Trennen Sie die Eier in Eiweiß und Eigelb. Schlagen Sie das Eiweiß mit einer Prise Salz steif und stellen Sie es beiseite.

3 Schlagen Sie das Eigelb mit dem Zucker in einer separaten Schüssel schaumig. Sieben Sie das Mehl, den Kakao und das Backpulver über die Eigelb-Zucker-Mischung und rühren Sie alles gut um.

4 Heben Sie das geschlagene Eiweiß vorsichtig unter den Teig.

5 Füllen Sie den Teig in eine gefettete Springform und backen Sie ihn für etwa 30-35 Minuten im vorgeheizten Backofen, bis er durchgebacken ist. Lassen Sie den Teig anschließend abkühlen.

6 Schneiden Sie den Teig horizontal in drei gleich große Böden.

7 Schlagen Sie die Sahne mit Zucker und Vanillezucker steif.

8 Verteilen Sie etwas Sahne auf den ersten Tortenboden und legen Sie darauf eine Schicht entsteinte Kirschen. Beträufeln Sie diese mit Kirschwasser.

9 Wiederholen Sie den Vorgang mit den restlichen Tortenböden, bis alle Zutaten aufgebraucht sind. Achten Sie darauf, dass Sie die oberste Schicht mit Sahne abschließen.

10 Garnieren Sie die Torte mit Schokoraspeln und einigen Kirschen.

11 Lassen Sie die Schwarzwälder Kirschtorte für mindestens zwei Stunden im Kühlschrank ruhen, bevor Sie sie servieren.

Salate

JELLO-SALAT

2 Port.

3 Std.

Mittel

Zutaten

1 Packung (85 g) Jello-Gelatine (Geschmack nach Wahl)
300 ml kochendes Wasser
200 ml kaltes Wasser
1 Dose (398 ml) Früchtekompott (z. B. Mandarinen, Ananas, Pfirsiche)

Optional:
50 g gehackte Nüsse (z. B. Walnüsse, Mandeln)
50 g geschlagene Sahne oder Joghurt

Nährwerte p. P.

150 kcal
20 g Kohlenhydrate
15 g Zucker
5 g Fett
3 g Protein
2 g Ballaststoffe

1 Geben Sie die Jello-Gelatine in eine Schüssel und gießen Sie das kochende Wasser darüber. Rühren Sie kontinuierlich um, bis sich die Gelatine vollständig aufgelöst hat. Stellen Sie sicher, dass keine Klumpen vorhanden sind und die Mischung glatt ist.

2 Fügen Sie das kalte Wasser hinzu und rühren Sie erneut um, um die Mischung abzukühlen. Dadurch wird verhindert, dass die Hitze das Früchtekompott aufwärmt und die Früchte ihre Form verlieren.

3 Geben Sie das abgetropfte Früchtekompott und die gehackten Nüsse zur Jello-Mischung hinzu. Mischen Sie sie vorsichtig, um die Früchte und Nüsse gleichmäßig zu verteilen. Achten Sie darauf, dass die Früchte und Nüsse gut in der Gelatine verteilt sind, damit jeder Bissen einen köstlichen Geschmack bietet.

4 Gießen Sie die Mischung in eine Form oder einzelne Dessertschalen. Wählen Sie eine Form oder Schalen, die für die gewünschte Portionsgröße geeignet sind. Wenn Sie verschiedene Schichten erstellen möchten, gießen Sie zuerst eine Schicht Jello-Mischung in die Form und lassen Sie sie etwas fest werden, bevor Sie die nächste Schicht hinzufügen.

5 Stellen Sie die Form oder die Schalen in den Kühlschrank und lassen Sie den Jello-Salat für mindestens 2-3 Stunden fest werden. Je länger Sie ihn kühlen lassen, desto fester wird die Gelatine. Überprüfen Sie regelmäßig die Konsistenz, um sicherzustellen, dass der Salat fest genug ist, bevor Sie ihn servieren.

6 Optional: Wenn Sie möchten, können Sie den Jello-Salat mit geschlagener Sahne oder Joghurt als Topping servieren. Dies verleiht dem Salat eine cremige Textur und zusätzlichen Geschmack. Verteilen Sie die Sahne oder den Joghurt vorsichtig auf dem Jello-Salat, bevor Sie ihn servieren.

7 Genießen Sie den erfrischenden und fruchtigen Jello-Salat als Dessert oder als Beilage zu anderen Gerichten.

RUSSISCHER SALAT

4 Port.

1 Std. 15 Min.

Mittel

Zutaten

3 mittelgroße Kartoffeln
2 Karotten
150 g Erbsen (frisch oder aus der Dose)
100 g Gewürzgurken, in kleine Würfel geschnitten
100 g gekochter Schinken oder Putenbrust, in kleine Würfel geschnitten
2 hart gekochte Eier, gehackt
4 EL Mayonnaise
Salz und Pfeffer nach Geschmack

Nährwerte p. P.

300 kcal
30 g Kohlenhydrate
10 g Zucker
15 g Fett
10 g Protein
6 g Ballaststoffe

1 Schälen Sie die Kartoffeln und die Karotten und schneiden Sie sie in kleine Würfel. Bringen Sie in einem Topf Wasser zum Kochen und geben Sie die Kartoffel- und Karottenwürfel hinein. Lassen Sie sie etwa 10-15 Minuten kochen, bis sie weich sind. Gießen Sie sie dann ab und lassen Sie sie abkühlen.

2 Blanchieren Sie die Erbsen in einem separaten Topf mit kochendem Wasser, bis sie bissfest sind. Gießen Sie sie ab und lassen Sie sie abkühlen.

3 Vermischen Sie in einer großen Schüssel die gekochten Kartoffeln und Karotten, die Erbsen, die gewürfelten Gewürzgurken, den Schinken oder die Putenbrust und die gehackten Eier.

4 Fügen Sie die Mayonnaise hinzu und mischen Sie alles gut durch. Geben Sie bei Bedarf mehr Mayonnaise hinzu, um die gewünschte Konsistenz zu erreichen.

5 Schmecken Sie den Salat mit Salz und Pfeffer ab und stellen Sie ihn für mindestens 1 Stunde in den Kühlschrank, damit sich die Aromen verbinden können.

6 Richten Sie den Russischen Salat vor dem Servieren auf einer Servierplatte an.

GURKENSALAT MIT SAHNE

4 Port.

20 Min.

Mittel

Zutaten

2 Gurken
1 kleine Zwiebel
200 ml saure Sahne
Je 1 EL frischer Dill und Schnittlauch, gehackt
1 TL Zitronensaft
Salz und Pfeffer nach Geschmack

Nährwerte p. P.

150 kcal
15 g Kohlenhydrate
6 g Zucker
10 g Fett
3 g Protein
2 g Ballaststoffe

1 Waschen Sie die Gurken gründlich und schneiden Sie sie in dünne Scheiben. Schälen Sie die Zwiebel und hacken Sie sie fein.

2 Geben Sie die Gurkenscheiben und die gehackte Zwiebel in eine Schüssel.

3 Vermischen Sie saure Sahne, frischen Dill, frischen Schnittlauch und Zitronensaft in einer separaten Schüssel. Schmecken Sie die Mischung mit Salz und Pfeffer ab.

4 Gießen Sie die Sahne-Mischung über die Gurken und Zwiebeln. Rühren Sie vorsichtig um, um alle Zutaten gut zu vermischen.

5 Decken Sie den Gurkensalat ab und lassen Sie ihn für mindestens eine Stunde im Kühlschrank ziehen, damit sich die Aromen entfalten können.

6 Vor dem Servieren schmecken Sie den Salat nochmals ab und richten ihn auf einer Servierplatte an.

WURSTSALAT

4 Port.

30 Min.

Mittel

Zutaten

300 g Wurst (z. B. Lyoner, Bierschinken oder Wiener), in dünne Scheiben geschnitten
1 Zwiebel, in dünne Ringe geschnitten
2 Gewürzgurken, in dünne Streifen geschnitten
2 EL Essig (z. B. Weißweinessig)
4 EL Rapsöl oder Sonnenblumenöl
1 TL Senf
Salz und Pfeffer nach Geschmack

Optional:
frische Kräuter (z. B. Schnittlauch oder Petersilie) zum Garnieren

Nährwerte p. P.

350 kcal
7 g Kohlenhydrate
18 g Protein
27 g Fett
2 g Ballaststoffe

1 Vermischen Sie die Wurstscheiben, Zwiebelringe und Gurkenstreifen in einer großen Schüssel sorgfältig miteinander. Achten Sie darauf, dass die Zutaten gleichmäßig verteilt sind.

2 Rühren Sie Essig, Öl, Senf, Salz und Pfeffer in einer separaten kleinen Schüssel zu einer köstlichen Vinaigrette an. Stellen Sie sicher, dass alle Zutaten gut miteinander vermischt sind.

3 Gießen Sie nun die zubereitete Vinaigrette über den Wurstsalat und vermengen Sie alles gründlich. Dadurch wird gewährleistet, dass alle Zutaten gleichmäßig mit der Vinaigrette bedeckt sind und sich die Aromen gut entfalten können.

4 Lassen Sie den Wurstsalat nun für etwa 15-20 Minuten ziehen, damit sich die Aromen der Zutaten gut vermischen und harmonisieren können.

5 Geben Sie den marinierten Wurstsalat entweder auf Teller oder in eine ansprechende Servierschüssel. Optional können Sie ihn mit frischen Kräutern garnieren, um ihm noch mehr Geschmack und eine attraktive Optik zu verleihen.

KARTOFFELSALAT

4 Port.

50 Min.

Mittel

Zutaten

1 kg Kartoffeln
1 Zwiebel, fein gehackt
4 Essiggurken, fein gewürfelt
200 ml Mayonnaise
2 EL Senf
2 EL Apfelessig
Salz und Pfeffer nach Geschmack
Frische Petersilie zum Garnieren

Nährwerte p. P.

325 kcal
42 g Kohlenhydrate
15 g Fett
4 g Eiweiß
4 g Ballaststoffe

1 Waschen Sie die Kartoffeln gründlich und legen Sie sie in einen großen Topf. Bedecken Sie die Kartoffeln mit Wasser und bringen Sie es zum Kochen. Lassen Sie die Kartoffeln bei mittlerer Hitze für etwa 15-20 Minuten kochen, bis sie gar sind. Überprüfen Sie mit einem Messer, ob die Kartoffeln weich sind. Gießen Sie die Kartoffeln anschließend ab und lassen Sie sie etwas abkühlen.

2 Schälen Sie nun die gekochten Kartoffeln und schneiden Sie sie in gleichmäßige Scheiben. Geben Sie die Kartoffelscheiben in eine große Schüssel.

3 Fügen Sie die fein gehackte Zwiebel und die gewürfelten Essiggurken zu den Kartoffeln hinzu.

4 Vermischen Sie Mayonnaise, Senf, Apfelessig, Salz und Pfeffer in einer separaten Schüssel miteinander, bis eine cremige Soße entsteht.

5 Gießen Sie die Soße über die Kartoffeln, Zwiebeln und Gurken und vermengen Sie alles vorsichtig, bis alle Zutaten gut von der Soße bedeckt sind.

6 Lassen Sie den Kartoffelsalat für mindestens 30 Minuten im Kühlschrank ziehen, damit sich die Aromen verbinden und der Salat gut durchziehen kann.

7 Vor dem Servieren garnieren Sie den Kartoffelsalat mit frischer Petersilie, um ihm eine ansprechende Optik zu verleihen.

NUDELSALAT

 4 Port.

 50 Min.

 Mittel

Zutaten

250 g Nudeln (z. B. Farfalle oder Fusilli)
Je 1 rote und gelbe Paprika, gewürfelt
1 kleine Zwiebel, fein gehackt
150 g Kirschtomaten, halbiert
100 g schwarze Oliven, entsteint und halbiert
100 g Feta-Käse, gewürfelt
3 EL Olivenöl
2 EL Balsamico-Essig
1 TL Dijon-Senf
Salz und Pfeffer nach Geschmack
Frische Petersilie zum Garnieren

Nährwerte p. P.

345 kcal
41 g Kohlenhydrate
15 g Fett
9 g Eiweiß
5 g Ballaststoffe

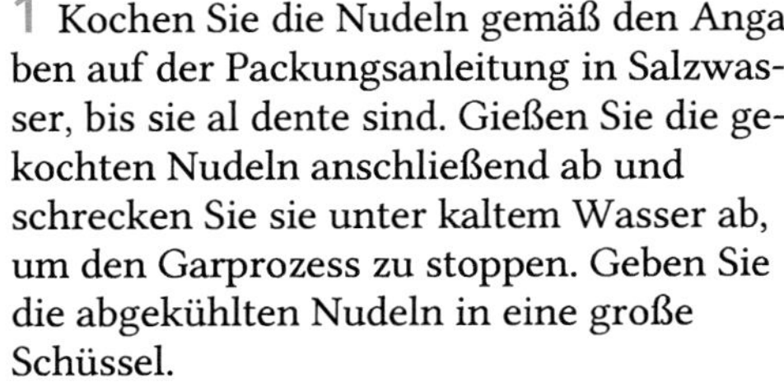

1 Kochen Sie die Nudeln gemäß den Angaben auf der Packungsanleitung in Salzwasser, bis sie al dente sind. Gießen Sie die gekochten Nudeln anschließend ab und schrecken Sie sie unter kaltem Wasser ab, um den Garprozess zu stoppen. Geben Sie die abgekühlten Nudeln in eine große Schüssel.

2 Fügen Sie nun die gewürfelten roten und gelben Paprika, die fein gehackte Zwiebel, die halbierten Kirschtomaten, die Oliven und die gewürfelten Feta-Käsestücke zu den Nudeln hinzu. Mischen Sie alle Zutaten gut, um eine gleichmäßige Verteilung zu gewährleisten.

3 Vermengen Sie das Olivenöl, den Balsamico-Essig, den Dijon-Senf, Salz und Pfeffer in einer separaten Schüssel zu einem köstlichen Dressing. Stellen Sie sicher, dass alle Zutaten gut miteinander vermischt sind.

4 Gießen Sie das Dressing über den Nudelsalat und vermengen Sie alles gründlich, damit sich das Dressing gleichmäßig über die Zutaten verteilt und sie gut damit überzogen sind.

5 Lassen Sie den Nudelsalat für mindestens 30 Minuten im Kühlschrank ziehen, damit sich die Aromen verbinden und der Salat gut durchziehen kann. Dies ermöglicht eine noch intensivere Geschmacksentwicklung.

6 Garnieren Sie den Nudelsalat vor dem Servieren mit frischer Petersilie, um ihm eine ansprechende Optik zu verleihen und das Aroma zu ergänzen.

ROTE-BETE-SALAT

 4 Port.  40 Min.  Mittel

Zutaten

4 mittelgroße Rote Beten
1 kleine rote Zwiebel, fein gehackt
50 g Walnüsse, grob gehackt
100 g Ziegenkäse, zerbröckelt
2 EL Olivenöl
1 EL Balsamico-Essig
Salz und Pfeffer nach Geschmack
Frischer Schnittlauch zum Garnieren

Nährwerte p. P.

235 kcal
14 g Kohlenhydrate
18 g Fett
7 g Eiweiß
4 g Ballaststoffe

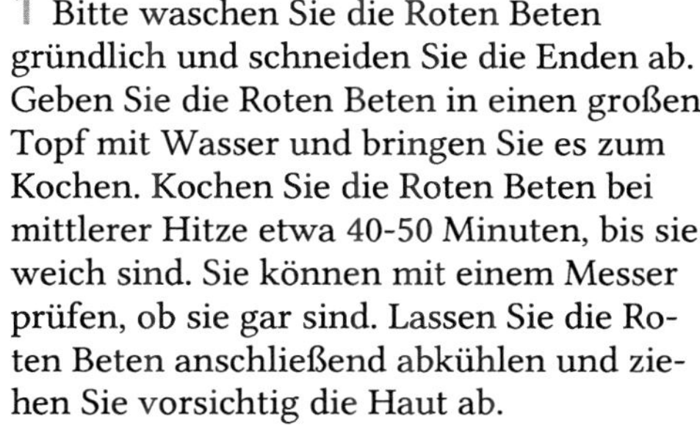

1 Bitte waschen Sie die Roten Beten gründlich und schneiden Sie die Enden ab. Geben Sie die Roten Beten in einen großen Topf mit Wasser und bringen Sie es zum Kochen. Kochen Sie die Roten Beten bei mittlerer Hitze etwa 40-50 Minuten, bis sie weich sind. Sie können mit einem Messer prüfen, ob sie gar sind. Lassen Sie die Roten Beten anschließend abkühlen und ziehen Sie vorsichtig die Haut ab.

2 Schneiden Sie die gekochten Roten Beten nun in dünne Scheiben und geben Sie sie in eine große Schüssel. Fügen Sie fein gehackte rote Zwiebeln, grob gehackte Walnüsse und zerbröckelten Ziegenkäse zu den Roten Beten hinzu.

3 Vermischen Sie das Olivenöl, den Balsamico-Essig, Salz und Pfeffer in einer kleinen Schüssel zu einer köstlichen Soße.

4 Gießen Sie die Soße über den Rote-Bete-Salat und vermengen Sie alles vorsichtig, um sicherzustellen, dass die Zutaten gut mit dem Dressing überzogen sind.

5 Lassen Sie den Rote-Bete-Salat für etwa 30 Minuten im Kühlschrank ziehen, damit sich die Aromen verbinden und der Salat gut durchziehen kann. Dies ermöglicht eine intensivere Geschmacksentwicklung.

6 Vor dem Servieren können Sie den Rote-Bete-Salat mit frischem Schnittlauch garnieren, um ihm eine ansprechende Optik zu verleihen und das Aroma zu ergänzen.

HÜHNCHEN-SALAT

4 Port.

40 Min.

Leicht

Zutaten

2 gekochte Hähnchenbrustfilets, in kleine Würfel geschnitten
1 Stangensellerie, fein gehackt
Je 1 rote und grüne Paprika, gewürfelt
1 kleine Zwiebel, fein gehackt
50 g gewürfelte Gurken
Je 20 g gehackte frische Petersilie und Dill
50 g Mayonnaise
2 EL Joghurt
2 EL Zitronensaft
Salz und Pfeffer nach Geschmack

Nährwerte p. P.

350 kcal
15 g Kohlenhydrate
20 g Fett
30 g Protein

1 Vermengen Sie die Hähnchenbrustfiletwürfel, den gehackten Stangensellerie, die gewürfelten roten und grünen Paprika, die fein gehackte Zwiebel, die gewürfelten Gurken, die gehackte Petersilie und den gehackten Dill in einer großen Schüssel sorgfältig. Mischen Sie die Zutaten gut, um eine gleichmäßige Verteilung zu erreichen.

2 Mischen Sie die Mayonnaise, den Joghurt und den Zitronensaft in einer separaten kleinen Schüssel. Rühren Sie die Mischung gründlich um, bis sich eine gleichmäßige Konsistenz bildet. Achten Sie darauf, dass die Zutaten gut miteinander vermischt sind.

3 Gießen Sie die Mayonnaise-Joghurt-Mischung über die Hühnchen-Gemüse-Mischung in der großen Schüssel. Vermengen Sie die Zutaten vorsichtig, um sicherzustellen, dass alles gut kombiniert ist. Achten Sie darauf, die Hühnchenwürfel nicht zu stark zu zerdrücken.

4 Schmecken Sie den Hühnchensalat mit Salz und Pfeffer ab und fügen Sie bei Bedarf weitere Gewürze hinzu, um den gewünschten Geschmack zu erreichen. Passen Sie die Gewürze Ihren Vorlieben an und experimentieren Sie gegebenenfalls mit verschiedenen Aromen.

5 Lassen Sie den Hühnchensalat für mindestens 30 Minuten im Kühlschrank ziehen, damit sich die Aromen gut entfalten können. Dies ermöglicht es den Zutaten, sich zu verbinden und den Geschmack zu intensivieren.

6 Vor dem Servieren sollten Sie den Hühnchensalat nochmals umrühren, um sicherzustellen, dass die Dressing-Mischung gleichmäßig verteilt ist. Sie können den Salat nach Belieben mit frischen Kräutern garnieren, um zusätzliches Aroma und eine ansprechende Optik zu erzielen.

7 Servieren Sie den Hühnchensalat entweder als Hauptgericht oder verwenden Sie ihn als Füllung für Sandwiches, Wraps oder auf Salatblättern. Die Vielseitigkeit des Salats ermöglicht es Ihnen, ihn auf verschiedene Arten zu genießen und ihn an Ihre persönlichen Vorlieben anzupassen.

WALDORFSALAT

4 Port.

45 Min.

Leicht

Zutaten

2 Äpfel
2 Stangen Sellerie
100 g Walnüsse
50 g Rosinen
2 EL Zitronensaft
3 EL Mayonnaise
2 EL Joghurt
Salz nach Geschmack
Pfeffer nach Geschmack

Nährwerte p. P.

300 kcal
20 g Kohlenhydrate
22 g Fett
5 g Protein

1 Die Äpfel und der Sellerie werden gewaschen. Anschließend entkernen Sie die Äpfel und schneiden Sie sie in kleine Würfel. Den Sellerie schneiden Sie in feine Scheiben. Die Walnüsse werden grob gehackt.

2 Weichen Sie die Rosinen in warmem Wasser ein und lassen Sie sie dann abtropfen.

3 Vermengen Sie die Äpfel, den Sellerie, die Walnüsse und die Rosinen in einer Schüssel.

4 Träufeln Sie den Zitronensaft über die Mischung und vermischen Sie alles gut, um das Braunwerden der Äpfel zu verhindern.

5 Vermischen Sie die Mayonnaise und den Joghurt in einer kleinen Schüssel. Geben Sie das Dressing über den Salat und vermengen Sie es vorsichtig.

6 Schmecken Sie den Waldorfsalat mit Salz und Pfeffer ab. Lassen Sie den Salat für mindestens 30 Minuten im Kühlschrank ziehen, damit sich die Aromen gut entfalten können.

GRIECHISCHER SALAT

4 Port.

45 Min.

Leicht

Zutaten

2 Tomaten
1 Gurke
1 rote Zwiebel
1 grüne Paprika
100 g Feta-Käse
50 g Oliven
2 EL Olivenöl
1 EL Zitronensaft
1 TL getrockneter Oregano
Salz nach Geschmack
Pfeffer nach Geschmack

Nährwerte p. P.

200 kcal
10 g Kohlenhydrate
15 g Fett
6 g Protein

1 Die Tomaten und die Gurke werden gewaschen. Anschließend schneiden Sie die Tomaten in Würfel und die Gurke in dünne Scheiben.

2 Schälen Sie die rote Zwiebel und schneiden Sie sie in dünne Ringe. Die grüne Paprika wird gewaschen, entkernt und in Streifen geschnitten.

3 Den Feta-Käse schneiden Sie in Würfel.

4 Vermengen Sie Tomaten, Gurke, rote Zwiebel, grüne Paprika, Feta-Käse und Oliven in einer großen Schüssel.

5 Verrühren Sie Olivenöl, Zitronensaft, Oregano, Salz und Pfeffer in einer kleinen Schüssel zu einem Dressing.

6 Geben Sie das Dressing über den Salat und vermengen Sie alles vorsichtig.

7 Lassen Sie den griechischen Salat für etwa 30 Minuten im Kühlschrank ziehen, damit sich die Aromen gut entfalten können.

GEFÜLLTE-TOMATEN-SALAT

4 Port. 30 Min. Leicht

Zutaten

4 große Tomaten
200 g Thunfisch in Dosen (in eigenem Saft)
2 EL Mayonnaise
100 g gehackte Gurken
100 g gehackter Sellerie
100 g gehackte Zwiebeln
Salz nach Geschmack
Pfeffer nach Geschmack
Salatblätter zum Servieren

Nährwerte p. P.

230 kcal
11 g Kohlenhydrate
10 g Fett
23 g Protein

1 Halbieren Sie die Tomaten vorsichtig und schneiden Sie das Innere sorgfältig heraus, um eine Schale zu bilden. Das herausgeschnittene Innere der Tomaten können Sie für andere Zwecke aufbewahren.

2 Lassen Sie den Thunfisch in einer Schüssel abtropfen und zerkleinern Sie ihn mit einer Gabel. Fügen Sie dann die Mayonnaise, die gehackten Gurken, den Sellerie und die Zwiebeln hinzu. Vermengen Sie alle Zutaten gut miteinander und schmecken Sie die Mischung mit Salz und Pfeffer ab.

3 Nun füllen Sie die Thunfischmischung gleichmäßig in die ausgehöhlten Tomatenhälften.

4 Richten Sie die gefüllten Tomaten auf Salatblättern an und garnieren Sie sie nach Belieben mit zusätzlichen Gurken- und Selleriestücken.

5 Servieren Sie den gefüllten Tomaten-Salat sofort und genießen Sie ihn.

6 Bitte beachten Sie, dass die Zubereitungszeit und die Nährwertangaben je nach verwendetem Thunfisch, Mayonnaise und den Mengen variieren können. Passen Sie die Rezeptangaben entsprechend an Ihre Vorlieben und Bedürfnisse an.

EIERSALAT

4 Port. 30 Min. Leicht

Zutaten

4 hart gekochte Eier
2 EL Mayonnaise
1 TL Dijon-Senf
1 TL Zitronensaft
¼ Tasse gehackte Frühlingszwiebeln
¼ Tasse gehackter Sellerie
Salz nach Geschmack
Pfeffer nach Geschmack

Optional:
frische Kräuter (z. B. Petersilie, Schnittlauch) zum Garnieren

Nährwerte p. P.

200 kcal
2 g Kohlenhydrate
15 g Fett
13 g Protein

1 Sie beginnen damit, die hart gekochten Eier zu schälen und grob zu hacken.

2 Vermengen Sie die Mayonnaise, den Dijon-Senf und den Zitronensaft in einer Schüssel gründlich miteinander.

3 Geben Sie die gehackten Eier, Frühlingszwiebeln und Sellerie zu der Mayonnaise-Mischung. Vermengen Sie alle Zutaten gut miteinander, sodass sie gleichmäßig verteilt sind.

4 Schmecken Sie den Eiersalat mit Salz und Pfeffer ab und passen Sie die Gewürze nach Ihrem Geschmack an.

5 Stellen Sie den Eiersalat in den Kühlschrank und lassen Sie ihn für mindestens 30 Minuten ziehen, damit sich die Aromen gut entfalten können.

6 Kurz vor dem Servieren garnieren Sie den Eiersalat nach Belieben mit frischen Kräutern, wie Petersilie oder Schnittlauch. Dies verleiht dem Salat einen zusätzlichen Geschmack und eine ansprechende Optik.

7 Genießen Sie den Eiersalat als Beilage zu einem Sandwich, auf einem Salatbett oder als Füllung für Wraps.

Suppen & Eintöpfe

TOMATENSUPPE

4 Port.

30 Min.

Leicht

Zutaten

1 kg reife Tomaten
1 Zwiebel, gewürfelt
2 Knoblauchzehen, gehackt
2 EL Olivenöl
500 ml Gemüsebrühe
1 TL Zucker
1 TL getrocknetes Basilikum
Salz und Pfeffer nach Geschmack
Frische Basilikumblätter (zum Garnieren)

Optional:
2 EL Sahne (zum Verfeinern)

Nährwerte p. P.

120 kcal
15 g Kohlenhydrate
6 g Fett
2 g Eiweiß
3 g Ballaststoffe

1 Überbrühen Sie die Tomaten, um sie leichter häuten zu können: Dazu bringen Sie einen Topf mit Wasser zum Kochen. Schneiden Sie an der Unterseite jeder Tomate ein kleines Kreuz ein.

2 Tauchen Sie die Tomaten für etwa 30 Sekunden in das kochende Wasser und geben Sie sie dann sofort in eine Schüssel mit kaltem Wasser. Dadurch lässt sich die Haut leichter abziehen. Entfernen Sie die Haut und hacken Sie die Tomaten grob.

3 Erhitzen Sie das Olivenöl in einem Topf und braten Sie die gewürfelte Zwiebel und den gehackten Knoblauch darin an, bis sie glasig sind.

4 Geben Sie die gehackten Tomaten in den Topf und lassen Sie sie für etwa 5 Minuten köcheln, bis sie weicher werden.

5 Fügen Sie die Gemüsebrühe, den Zucker und das getrocknete Basilikum zur Tomatenmischung hinzu. Würzen Sie alles gut mit Salz und Pfeffer. Rühren Sie den Topfinhalt um und bringen Sie die Mischung zum Kochen.

6 Reduzieren Sie die Hitze und lassen Sie die Suppe für etwa 15-20 Minuten köcheln, damit sich die Aromen gut verbinden und die Tomaten weich werden.

7 Nehmen Sie die Suppe vom Herd und pürieren Sie sie mit einem Stabmixer oder in einem Standmixer, bis sie glatt ist. Wenn Sie eine noch feinere Konsistenz wünschen, können Sie die Suppe bei Bedarf durch ein Sieb streichen.

8 Geben Sie die pürierte Suppe zurück in den Topf und fügen Sie optional Sahne hinzu, um sie zu verfeinern. Erwärmen Sie die Suppe, achten Sie jedoch darauf, dass sie nicht mehr kocht.

9 Servieren Sie die Tomatensuppe in Schüsseln und garnieren Sie sie mit frischen Basilikumblättern.

CHAMPIGNON-CREMESUPPE

4 Port.

30 Min.

Leicht

Zutaten

500 g Champignons, in Scheiben geschnitten
1 Zwiebel, gehackt
2 Knoblauchzehen, gehackt
2 EL Butter
3 EL Mehl
500 ml Gemüsebrühe
250 ml Sahne
Salz und Pfeffer nach Geschmack
Frische Petersilie, gehackt (zum Garnieren)

Nährwerte p. P.

250 kcal
12 g Kohlenhydrate
20 g Fett
4 g Eiweiß
2 g Ballaststoffe

1 Lassen Sie die Butter in einem großen Topf bei mittlerer Hitze schmelzen. Fügen Sie die gehackten Zwiebeln und den Knoblauch hinzu und braten Sie sie an, bis sie glasig sind.

2 Geben Sie die in Scheiben geschnittenen Champignons in den Topf und braten Sie sie weiter, bis sie weich und leicht gebräunt sind.

3 Streuen Sie das Mehl über die Champignons und rühren Sie gut um, um es gleichmäßig zu verteilen. Dies hilft, die Suppe zu binden und eine cremige Konsistenz zu erreichen.

4 Gießen Sie nach und nach die Gemüsebrühe in den Topf und rühren Sie kontinuierlich, um Klumpenbildung zu vermeiden.

5 Bringen Sie die Suppe zum Kochen und reduzieren Sie dann die Hitze. Lassen Sie die Suppe für etwa 10-15 Minuten köcheln, damit sich die Aromen gut verbinden und die Champignons weich werden.

6 Reduzieren Sie die Hitze und geben Sie die Sahne zur Suppe. Rühren Sie gut um und lassen Sie die Suppe weiter köcheln, bis sie etwas eindickt.

7 Nehmen Sie die Suppe vom Herd und verwenden Sie einen Stabmixer oder einen Standmixer, um sie zu pürieren, bis eine cremige Konsistenz erreicht ist. Wenn Sie eine noch feinere Textur wünschen, können Sie die Suppe bei Bedarf durch ein Sieb streichen.

8 Schmecken Sie die Suppe mit Salz und Pfeffer ab und würzen Sie sie bei Bedarf weiter.

9 Servieren Sie die Champignoncremesuppe in Schüsseln und garnieren Sie sie mit frisch gehackter Petersilie.

ERBSENSUPPE

4 Port. 30 Min. Leicht

Zutaten

500 g grüne Erbsen (frisch oder tiefgekühlt)
1 Zwiebel, gehackt
2 Karotten, gewürfelt
2 Selleriestangen, gewürfelt
2 Knoblauchzehen, gehackt
2 EL Olivenöl
1 Liter Gemüsebrühe
Salz und Pfeffer nach Geschmack

Optional:
frische Petersilie oder Minze zum Garnieren

Nährwerte p. P.

150 kcal
25 g Kohlenhydrate
4 g Fett
7 g Eiweiß
9 g Ballaststoffe

1 Erhitzen Sie das Olivenöl in einem großen Topf bei mittlerer Hitze. Fügen Sie die gehackte Zwiebel, die Karotten, den Sellerie und den Knoblauch hinzu. Braten Sie sie an, bis sie weich und leicht gebräunt sind.

2 Geben Sie die grünen Erbsen in den Topf und rühren Sie sie gut um, um sie mit den anderen Zutaten zu vermischen.

3 Gießen Sie die Gemüsebrühe in den Topf und bringen Sie sie zum Kochen. Reduzieren Sie dann die Hitze und lassen Sie die Suppe für etwa 15-20 Minuten köcheln, bis die Erbsen weich sind.

4 Nehmen Sie den Topf vom Herd und lassen Sie die Suppe etwas abkühlen. Verwenden Sie einen Stabmixer oder einen Standmixer, um die Suppe zu pürieren, bis eine cremige Konsistenz erreicht ist. Wenn Sie eine gröbere Textur bevorzugen, können Sie auch einen Teil der Suppe pürieren und einen Teil der Erbsen ganz lassen.

5 Geben Sie die Suppe zurück in den Topf und erhitzen Sie sie erneut. Würzen Sie die Suppe mit Salz und Pfeffer nach Geschmack. Wenn die Suppe zu dick ist, können Sie etwas zusätzliche Gemüsebrühe hinzufügen, um die gewünschte Konsistenz zu erreichen.

6 Sobald die Suppe heiß ist, servieren Sie sie in Schüsseln und garnieren Sie sie nach Belieben mit frischer Petersilie oder Minze.

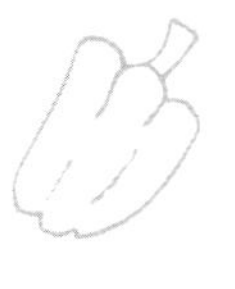

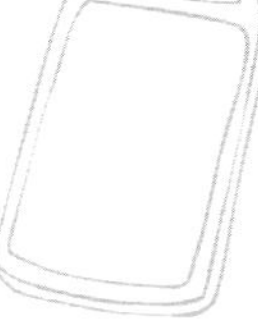
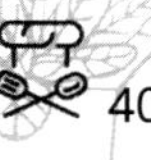

HÜHNERSUPPE

4 Port.

2 Std.

Leicht

Zutaten

1 ganzes Huhn (ca. 1,5 kg)
2 Karotten, in Scheiben geschnitten
2 Selleriestangen, in Scheiben geschnitten
1 Zwiebel, halbiert
2 Knoblauchzehen, gehackt
1 Bund frische Petersilie
2 Lorbeerblätter
Salz und Pfeffer nach Geschmack
Wasser zum Kochen

Nährwerte p. P.

120 kcal
3 g Kohlenhydrate
5 g Fett
15 g Eiweiß
1 g Ballaststoffe

1 Geben Sie das ganze Huhn in einen großen Topf und füllen Sie ihn mit Wasser, sodass das Huhn vollständig bedeckt ist.

2 Fügen Sie die Karotten, Sellerie, Zwiebel, Knoblauch, Petersilie und Lorbeerblätter hinzu. Würzen Sie mit Salz und Pfeffer nach Geschmack.

3 Bringen Sie das Wasser zum Kochen und reduzieren Sie dann die Hitze. Lassen Sie die Hühnersuppe für etwa 1,5 bis 2 Stunden köcheln, bis das Huhn vollständig gekocht und zart ist.

4 Nehmen Sie das Huhn aus der Suppe und lassen Sie es etwas abkühlen. Entfernen Sie die Haut und zerlegen Sie das Fleisch in kleine Stücke oder Streifen.

5 Geben Sie das Hühnerfleisch zurück in die Suppe und erwärmen Sie es erneut. Probieren Sie die Suppe und passen Sie die Gewürze an, wenn nötig.

6 Sobald die Suppe heiß ist, servieren Sie sie in Schüsseln. Sie können zusätzliches Gemüse oder Nudeln hinzufügen, wenn Sie es wünschen.

GULASCHSUPPE

4 Port.

2 Std.

Leicht

Zutaten

500 g Rindfleisch (z. B. Rindergulasch), in Würfel geschnitten
2 Zwiebeln, gehackt
2 Knoblauchzehen, gehackt
2 Paprikaschoten, gewürfelt
2 Tomaten, gewürfelt
2 EL Tomatenmark
1 Liter Rinderbrühe
2 EL Paprikapulver (edelsüß)
1 TL Kümmel
Salz und Pfeffer nach Geschmack
2 EL Öl zum Braten

Optional:
frische Petersilie zum Garnieren

Nährwerte p. P.

250 kcal
10 g Kohlenhydrate
15 g Fett
20 g Eiweiß
2 g Ballaststoffe

1 Würzen Sie das Rindfleisch zunächst mit Salz und Pfeffer. Erhitzen Sie das Öl in einem großen Topf und braten Sie das Fleisch darin scharf an, bis es braun und leicht knusprig ist. Nehmen Sie das Fleisch aus dem Topf und stellen Sie es beiseite.

2 Braten Sie die gehackten Zwiebeln und den Knoblauch im selben Topf an, bis sie glasig sind. Fügen Sie die Paprikaschoten hinzu und braten Sie sie für weitere 2-3 Minuten an.

3 Geben Sie nun das Tomatenmark und das Paprikapulver hinzu und rühren Sie gut um, um die Aromen freizusetzen. Lassen Sie die gewürfelten Tomaten kurz mitbraten.

4 Geben Sie das angebratene Rindfleisch zurück in den Topf und vermengen Sie es gut mit den anderen Zutaten. Gießen Sie die Rinderbrühe ein und fügen Sie den Kümmel hinzu. Rühren Sie alles um, um alle Zutaten zu kombinieren.

5 Reduzieren Sie die Hitze und lassen Sie die Suppe abgedeckt für etwa 1-2 Stunden köcheln, bis das Fleisch zart ist und sich die Aromen gut verbunden haben. Rühren Sie gelegentlich um und fügen Sie bei Bedarf Wasser hinzu, um die gewünschte Konsistenz zu erreichen.

6 Schmecken Sie die Gulaschsuppe mit Salz und Pfeffer ab. Vor dem Servieren können Sie sie optional mit frischer Petersilie garnieren.

MINESTRONE

4 Port.

1 Std.

Leicht

Zutaten

2 EL Olivenöl
1 Zwiebel, gehackt
2 Knoblauchzehen, gehackt
2 Karotten, gewürfelt
2 Stangen Sellerie, gewürfelt
400 g gehackte Tomaten (aus der Dose)
2 EL Tomatenmark
1 Liter Gemüsebrühe
500 ml Wasser
100 g Nudeln (z. B. Fusilli oder Farfalle)
200 g weiße Bohnen (aus der Dose, abgespült)
100 g grüne Erbsen (frisch oder gefroren)
2 Kartoffeln, gewürfelt
Salz und Pfeffer nach Geschmack
Je 1 TL getrockneter Oregano und Basilikum

Optional:
eine Handvoll frischer Spinat oder Grünkohl
geriebener Parmesan zum Servieren

Nährwerte p. P.

180 kcal
30 g Kohlenhydrate
4 g Fett
8 g Eiweiß
7 g Ballaststoffe

1 Erhitzen Sie das Olivenöl in einem großen Topf. Fügen Sie die gehackte Zwiebel, den Knoblauch, die gewürfelten Karotten und Selleriestangen hinzu und braten Sie sie bei mittlerer Hitze an, bis sie weich sind. Durch das Anbraten entfalten sie ihr volles Aroma.

2 Geben Sie das Tomatenmark in den Topf und rühren Sie es gut um, um es gleichmäßig zu verteilen. Lassen Sie das Tomatenmark für einige Minuten mitbraten, damit es seine Geschmacksnuancen entfaltet. Fügen Sie dann die gehackten Tomaten mit ihrem Saft hinzu und lassen Sie sie ebenfalls kurz mitbraten.

3 Gießen Sie die Gemüsebrühe und das Wasser in den Topf. Fügen Sie die Nudeln, weißen Bohnen, grünen Erbsen und gewürfelten Kartoffeln hinzu. Rühren Sie alles gut um, um die Zutaten zu kombinieren. Bringen Sie die Suppe zum Kochen, indem Sie die Hitze erhöhen.

4 Reduzieren Sie die Hitze, damit die Suppe sanft köcheln kann. Decken Sie den Topf ab und lassen Sie die Suppe köcheln, bis das Gemüse weich ist und die Nudeln al dente sind. Dies dauert normalerweise etwa 15-20 Minuten, kann aber je nach Größe der Gemüsestücke variieren.

5 Würzen Sie die Suppe mit Salz, Pfeffer, getrocknetem Oregano und Basilikum, um ihr eine herzhafte und aromatische Note zu verleihen. Sie können nach Belieben weitere Gewürze hinzufügen, um den Geschmack zu variieren und anzupassen.

6 Wenn Sie möchten, können Sie frischen Spinat oder Grünkohl zur Suppe geben. Geben Sie das Blattgemüse hinzu und lassen Sie es weitere 5 Minuten köcheln, bis es weich ist und seine Vitalstoffe freisetzt. Dies verleiht der Minestrone eine zusätzliche Portion gesunder Zutaten.

7 Servieren Sie die Minestrone in Schüsseln und streuen Sie nach Belieben geriebenen Parmesan darüber. Der Parmesan gibt der Suppe eine leichte, würzige Note und verleiht ihr eine zusätzliche Geschmacksebene.

8 Genießen Sie Ihre hausgemachte Minestrone, eine wunderbar nahrhafte und köstliche Mahlzeit!

LINSENEINTOPF

4 Port.

1 Std.

Leicht

Zutaten

250 g braune oder grüne Linsen
1 Zwiebel, gehackt
Je 2 Karotten und Selleriestangen, gewürfelt
2 Knoblauchzehen, gehackt
2 EL Olivenöl
1 Dose gehackte Tomaten (400 g)
1 Liter Gemüsebrühe
2 Lorbeerblätter
Je 1 TL Kreuzkümmel und Paprikapulver
Salz und Pfeffer nach Geschmack

Optional:
frische Petersilie zum Garnieren

Nährwerte p. P.

200 kcal
30 g Kohlenhydrate
5 g Fett
10 g Eiweiß
10 g Ballaststoffe

1 Beginnen Sie damit, die Linsen gründlich abzuspülen und abtropfen zu lassen, um eventuelle Schmutzpartikel zu entfernen.

2 Erhitzen Sie das Olivenöl in einem großen Topf bei mittlerer Hitze. Fügen Sie die gehackte Zwiebel, die gewürfelten Karotten, Sellerie und den Knoblauch hinzu und braten Sie sie an, bis sie weich sind. Dies dauert in der Regel etwa 5-7 Minuten und verleiht dem Eintopf eine aromatische Basis.

3 Geben Sie nun die abgetropften Linsen, die gehackten Tomaten, die Gemüsebrühe, die Lorbeerblätter, den Kreuzkümmel und das Paprikapulver in den Topf. Rühren Sie alles gründlich um, um die Zutaten gut zu kombinieren und die Aromen freizusetzen.

4 Reduzieren Sie die Hitze auf niedrig und lassen Sie den Eintopf abgedeckt für etwa 30-40 Minuten sanft köcheln. Während dieser Zeit werden die Linsen weich und der Eintopf entwickelt eine dickere Konsistenz. Rühren Sie gelegentlich um, um ein Anbrennen am Boden des Topfes zu verhindern.

5 Entfernen Sie die Lorbeerblätter aus dem Eintopf, da sie nur zur Aromatisierung dienten. Jetzt ist es an der Zeit, den Linseneintopf mit Salz und Pfeffer nach Ihrem Geschmack zu würzen. Probieren Sie ihn und passen Sie die Gewürze gegebenenfalls an, um den perfekten Geschmack zu erzielen.

6 Servieren Sie den köstlichen Linseneintopf in Schüsseln und garnieren Sie ihn optional mit frischer Petersilie. Die Petersilie verleiht dem Gericht nicht nur eine ansprechende Optik, sondern gibt ihm auch einen zusätzlichen frischen Geschmack.

ZWIEBELEINTOPF

 4 Port.

 50 Min.

 Leicht

Zutaten

4 große Zwiebeln, in dünne Scheiben geschnitten
2 EL Butter oder Öl
1 Liter Gemüsebrühe
2 Lorbeerblätter
Salz und Pfeffer nach Geschmack

Optional:
geriebener Käse zum Servieren

Nährwerte p. P.

150 kcal
15 g Kohlenhydrate
8 g Fett
2 g Eiweiß
3 g Ballaststoffe

1 Lassen Sie die Butter oder das Öl in einem großen Topf bei mittlerer Hitze schmelzen, beziehungsweise heiß werden. Fügen Sie die Zwiebelscheiben hinzu und braten Sie sie langsam unter gelegentlichem Rühren für etwa 10-15 Minuten an, bis sie weich und goldbraun sind.

2 Geben Sie nun die Gemüsebrühe und die Lorbeerblätter in den Topf. Reduzieren Sie die Hitze und lassen Sie den Eintopf abgedeckt für weitere 20-30 Minuten köcheln, damit sich die Aromen gut verbinden und die Zwiebeln noch weicher werden. Vergessen Sie nicht, ab und zu umzurühren.

3 Entfernen Sie die Lorbeerblätter aus dem Topf und schmecken Sie den Zwiebeleintopf mit Salz und Pfeffer ab, um den Geschmack zu perfektionieren.

4 Servieren Sie den Zwiebeleintopf in Schüsseln. Falls gewünscht, können Sie geriebenen Käse darüber streuen, um dem Eintopf zusätzlichen Geschmack zu verleihen.

5 Genießen Sie den Zwiebeleintopf als herzhaftes und wärmendes Gericht. Passen Sie die Gewürze und die Garzeit nach Ihrem Geschmack an, um das bestmögliche Ergebnis zu erzielen. Guten Appetit!

KOHLSUPPE

4 Port.

50 Min.

Leicht

Zutaten

1 kleiner Weißkohl, gehackt
2 Karotten, gewürfelt
2 Zwiebeln, gehackt
2 Knoblauchzehen, gehackt
4 Stangen Sellerie, gehackt
1 grüne Paprika, gewürfelt
4 Tassen Gemüsebrühe
1 Dose gehackte Tomaten (400 g)
Je 1 TL Paprika und Kreuzkümmel
Salz und Pfeffer nach Geschmack
2 EL Olivenöl

Optional:
frische Kräuter zum Garnieren (z. B. Petersilie oder Schnittlauch)

Nährwerte p. P.

120 kcal
18 g Kohlenhydrate
5 g Fett
4 g Protein
6 g Ballaststoffe

1 Um eine köstliche Kohlsuppe zuzubereiten, erhitzen Sie zunächst das Olivenöl in einem großen Topf auf mittlerer Hitze. Fügen Sie dann gehackte Zwiebeln und Knoblauch hinzu und braten Sie sie an, bis sie weich und leicht gebräunt sind, was etwa 5 Minuten dauern kann.

2 Anschließend geben Sie die gewürfelten Karotten, den gehackten Sellerie und die gewürfelte grüne Paprika in den Topf. Braten Sie sie für weitere 5 Minuten mit an. Dadurch können sich die Aromen entfalten und das Gemüse wird leicht angebraten.

3 Nun ist es an der Zeit, den gehackten Kohl in den Topf zu geben. Rühren Sie ihn gut um, sodass er mit dem restlichen Gemüse vermischt wird. Durch das Umrühren wird der Kohl etwas weicher und geschmackvoller.

4 Als Nächstes fügen Sie die Gemüsebrühe und die gehackten Tomaten hinzu. Geben Sie auch Paprika, Kreuzkümmel, Salz und Pfeffer in den Topf und rühren Sie alles gut um. Diese Gewürze verleihen der Suppe einen köstlichen Geschmack und sorgen für eine würzige Note.

5 Bringen Sie die Suppe zum Kochen und reduzieren Sie dann die Hitze. Decken Sie den Topf ab und lassen Sie die Suppe für etwa 20-30 Minuten köcheln, damit das Gemüse weich wird und die Aromen gut miteinander verschmelzen.

6 Nachdem die Kochzeit abgelaufen ist, können Sie die Suppe mit Salz und Pfeffer abschmecken. Je nach persönlichem Geschmack können Sie bei Bedarf auch etwas Wasser oder Brühe hinzufügen, um die gewünschte Konsistenz zu erreichen.

7 Füllen Sie die duftende Kohlsuppe in Schalen oder tiefe Teller und garnieren Sie sie nach Belieben mit frischen Kräutern wie Petersilie oder Schnittlauch. Diese Kräuter verleihen der Suppe einen frischen und aromatischen Touch.

KÜRBISSUPPE

4 Port.

40 Min.

Leicht

Zutaten

1 kg Kürbis (z. B. Hokkaido oder Butternut), entkernt und gewürfelt
1 Zwiebel, gehackt
2 Knoblauchzehen, gehackt
Je 2 Karotten und Kartoffeln, gewürfelt
1 L Gemüsebrühe
250 ml Kokosmilch
2 EL Olivenöl
Je 1 TL gemahlener Ingwer und Kurkuma
Salz und Pfeffer nach Geschmack

Optional:
geröstete Kürbiskerne und frische Korianderblätter zum Garnieren

Nährwerte p. P.

220 kcal
30 g Kohlenhydrate
10 g Fett
4 g Protein
6 g Ballaststoffe

1 Um eine köstliche Kürbissuppe zuzubereiten, erhitzen Sie zuerst das Olivenöl in einem großen Topf auf mittlerer Hitze. Fügen Sie dann die gehackte Zwiebel und den gehackten Knoblauch hinzu und braten Sie sie an, bis sie weich und leicht gebräunt sind. Dies dauert in der Regel einige Minuten und verleiht der Suppe einen wunderbaren Geschmack.

2 Als Nächstes fügen Sie die gewürfelten Karotten und Kartoffeln hinzu. Braten Sie sie für etwa 5 Minuten mit an. Dadurch werden die Aromen freigesetzt und das Gemüse leicht angebraten, was der Suppe zusätzliche Tiefe verleiht.

3 Nun ist es Zeit, den gewürfelten Kürbis in den Topf zu geben. Rühren Sie ihn gut um, damit er mit dem restlichen Gemüse vermischt wird. Durch das Umrühren wird der Kürbis etwas weicher und bereit für die weitere Zubereitung.

4 Fügen Sie nun die Gemüsebrühe, den gemahlenen Ingwer und Kurkuma hinzu. Rühren Sie alles gut um, um die Gewürze gleichmäßig zu verteilen. Salz und Pfeffer dürfen dabei nicht fehlen und sollten nach Ihrem Geschmack hinzugefügt werden.

5 Bringen Sie die Suppe zum Kochen und reduzieren Sie dann die Hitze. Decken Sie den Topf ab und lassen Sie die Suppe für etwa 20-25 Minuten köcheln, bis das Gemüse weich ist. Dies ermöglicht es den Aromen, sich vollständig zu entfalten und eine leckere Konsistenz zu erreichen.

6 Sobald das Gemüse weich gekocht ist, nehmen Sie die Suppe vom Herd. Verwenden Sie einen Pürierstab oder einen Mixer, um die Suppe zu pürieren, bis sie eine glatte Konsistenz erreicht hat. Dies verleiht der Suppe eine cremige Textur.

7 Geben Sie die pürierte Suppe zurück in den Topf und rühren Sie die Kokosmilch ein. Erhitzen Sie die Suppe erneut, bis sie heiß ist, aber achten Sie darauf, dass sie nicht mehr kocht, um die Konsistenz beizubehalten.

8 Schmecken Sie die Kürbissuppe mit Salz und Pfeffer ab und würzen Sie nach Bedarf. Jeder hat unterschiedliche Vorlieben, daher ist es wichtig, den Geschmack anzupassen, um Ihre perfekte Kürbissuppe zu erhalten.

9 Füllen Sie die duftende Kürbissuppe in Schalen oder tiefe Teller und garnieren Sie sie nach Belieben mit gerösteten Kürbiskernen und frischen Korianderblättern. Dies verleiht der Suppe einen knusprigen Biss und eine zusätzliche Geschmacksnote.

FISCHSUPPE

4 Port.

40 Min.

Leicht

Zutaten

500 g gemischter Fisch (z. B. Kabeljau, Lachs, Rotbarsch), in mundgerechte Stücke geschnitten
1 Zwiebel, gehackt
2 Knoblauchzehen, gehackt
2 Karotten, gewürfelt
2 Stangen Sellerie, gewürfelt
1 Paprika, gewürfelt
4 Tassen Fischbrühe
1 Dose gehackte Tomaten (400 g)
1 Lorbeerblatt
1 TL getrocknete Kräuter der Provence
Saft einer halben Zitrone
Salz und Pfeffer nach Geschmack

Optional:
frische Kräuter (z. B. Petersilie oder Dill) zum Garnieren

Nährwerte p. P.

200 kcal
12 g Kohlenhydrate
5 g Fett
25 g Protein
4 g Ballaststoffe

1 Erhitzen Sie etwas Olivenöl in einem großen Topf auf mittlerer Hitze. Fügen Sie die gehackte Zwiebel und den gehackten Knoblauch hinzu und braten Sie sie an, bis sie weich und duftend sind.

2 Fügen Sie die gewürfelten Karotten, den Sellerie und die Paprika hinzu. Braten Sie das Gemüse für etwa 5 Minuten mit an, bis es leicht gebräunt ist und Aromen freisetzt.

3 Gießen Sie die Fischbrühe in den Topf und fügen Sie die gehackten Tomaten, das Lorbeerblatt und die getrockneten Kräuter der Provence hinzu. Rühren Sie alles gut um und bringen Sie die Suppe zum Kochen.

4 Reduzieren Sie die Hitze auf die mittlere Stufe und lassen Sie die Suppe für etwa 15-20 Minuten köcheln, damit sich die Aromen verbinden können.

5 Geben Sie den vorbereiteten Fisch in die Suppe und lassen Sie ihn für weitere 5-7 Minuten köcheln, bis er gar ist und sich leicht mit einer Gabel zerteilen lässt.

6 Entfernen Sie das Lorbeerblatt und rühren Sie den Zitronensaft in die Suppe ein. Schmecken Sie die Suppe mit Salz und Pfeffer ab und passen Sie die Gewürze nach Bedarf an.

7 Füllen Sie die Fischsuppe in Schalen oder tiefe Teller und garnieren Sie sie nach Belieben mit frischen Kräutern wie Petersilie oder Dill. Dies verleiht der Suppe einen frischen und aromatischen Touch.

Hauptgerichte mit Fleisch

KLASSISCHE RINDERROULADEN

 4 Port.

 2,5 Std.

 Mittel

Zutaten

4 Rinderrouladen (ca. 600 g)
Salz und Pfeffer nach Geschmack
4 Scheiben Bauchspeck
4 EL Senf
2 Zwiebeln, fein gehackt
4 Gewürzgurken, längs halbiert
2 EL Öl
500 ml Rinderbrühe
250 ml Rotwein
2 Lorbeerblätter
2 Nelken
2 EL Mehl
2 EL kalte Butter

Nährwerte p. P.

450 kcal
10 g Kohlenhydrate
25 g Fett
40 g Eiweiß
2 g Ballaststoffe

1 Breiten die Rinderrouladen flach auf einer Arbeitsfläche aus und würzen Sie sie großzügig mit Salz und Pfeffer. Jede Roulade bestreichen Sie mit Senf und belegen sie zusätzlich mit einer Scheibe Bauchspeck.

2 Auf jeder Roulade verteilen Sie etwas gehackte Zwiebel und legen eine halbe Gewürzgurke darauf. Rollen Sie die Rouladen anschließend eng zusammen und stecken Sie sie mit Küchengarn oder Rouladennadeln fest.

3 Erhitzen Sie das Öl in einem Bräter und braten Sie die Rouladen von allen Seiten kräftig an, bis sie eine schöne braune Farbe haben.

4 Geben Sie Rinderbrühe und Rotwein in den Bräter und fügen Sie Lorbeerblätter und Nelken hinzu. Decken Sie den Bräter ab und lassen Sie die Rouladen bei mittlerer Hitze etwa 1,5 bis 2 Stunden schmoren, bis sie schön zart sind.

5 Nehmen Sie die Rouladen aus dem Bräter und halten Sie sie warm. Gießen Sie die Soße durch ein Sieb, um Zwiebeln und Gewürze zu entfernen.

6 Rühren Sie das Mehl in einer kleinen Schüssel mit etwas Wasser glatt, um Klumpen zu vermeiden. Geben Sie die Soße zurück in den Bräter und fügen Sie das Mehl-Wasser-Gemisch hinzu. Bringen Sie die Soße unter Rühren zum Kochen und lassen Sie sie etwa 5 Minuten köcheln, bis sie etwas eindickt.

7 Rühren Sie die kalte Butter in die Soße ein, um sie zu binden und ihr Glanz zu verleihen. Schmecken Sie die Soße mit Salz und Pfeffer ab.

8 Servieren Sie die Rouladen mit der Soße und servieren Sie sie nach Belieben mit Beilagen wie Kartoffeln, Spätzle oder Rotkohl. Genießen Sie Ihre Rinderrouladen!

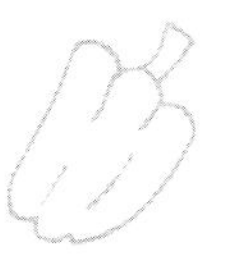

JÄGERSCHNITZEL

4 Port.

40 Min.

Mittel

Zutaten

4 Schweineschnitzel (je ca. 150 g)
150 g Champignons, in Scheiben geschnitten
1 Zwiebel, fein gehackt
2 Knoblauchzehen, fein gehackt
2 EL Butter
2 EL Mehl
250 ml Rinderbrühe
125 ml Sahne
1 EL Tomatenmark
2 EL gehackte Petersilie
Salz und Pfeffer nach Geschmack
Öl zum Braten

Nährwerte p. P.

455 kcal
11 g Kohlenhydrate
29 g Fett
37 g Protein

1 Nehmen Sie die Schweineschnitzel und klopfen Sie sie leicht mit einem Fleischklopfer, um sie zarter zu machen. Würzen Sie die Schnitzel auf beiden Seiten großzügig mit Salz und Pfeffer.

2 Erhitzen Sie etwas Öl in einer Pfanne bei mittlerer Hitze. Sobald das Öl heiß ist, legen Sie die Schnitzel vorsichtig in die Pfanne. Braten Sie sie von beiden Seiten goldbraun. Dies dauert in der Regel etwa 2-3 Minuten pro Seite, je nach Dicke der Schnitzel. Sobald die Schnitzel goldbraun sind, nehmen Sie sie aus der Pfanne und legen Sie sie auf einen Teller. Decken Sie sie mit Aluminiumfolie ab, um sie warmzuhalten.

3 Verwenden Sie dieselbe Pfanne und lassen Sie die Butter darin schmelzen. Geben Sie die gehackte Zwiebel und den Knoblauch in die Pfanne und braten Sie sie unter gelegentlichem Rühren an, bis sie glasig sind und ein angenehmes Aroma verströmen.

4 Fügen Sie die Champignons hinzu und braten Sie sie für einige Minuten, bis sie leicht gebräunt sind und ihr volles Aroma entfalten. Rühren Sie dabei gelegentlich um, um sicherzustellen, dass sie gleichmäßig braten.

5 Streuen Sie das Mehl über die Champignons und die Zwiebeln und rühren Sie alles gut um, um eine Mehlschwitze zu bilden. Dadurch wird die Soße später etwas eingedickt.

6 Gießen Sie nach und nach die Rinderbrühe in die Pfanne und rühren Sie kontinuierlich, um Klumpen zu vermeiden.

7 Dadurch entsteht eine köstliche Soße. Fügen Sie auch die Sahne und das Tomatenmark hinzu und vermengen Sie alles gut miteinander.

8 Lassen Sie die Soße bei mittlerer Hitze köcheln, bis sie etwas eindickt. Rühren Sie gelegentlich um, um ein Anbrennen zu verhindern.

9 Geben Sie die gebratenen Schnitzel zurück in die Pfanne und wenden Sie sie vorsichtig in der Soße, damit sie den Geschmack der Soße aufnehmen. Lassen Sie die Schnitzel für weitere 2-3 Minuten in der Soße köcheln, um sie gut durchzuwärmen.

10 Bevor Sie die Jägerschnitzel servieren, garnieren Sie sie mit gehackter Petersilie, um ihnen einen frischen und aromatischen Geschmack zu verleihen.

11 Servieren Sie die Jägerschnitzel mit Beilagen Ihrer Wahl, wie zum Beispiel Spätzle, Kartoffeln oder Reis. Die köstliche Soße passt perfekt zu diesen Beilagen und rundet das Gericht ab.

GEFÜLLTE PAPRIKA

4 Port.

1 Std.

Mittel

Zutaten

4 große Paprikaschoten (verschiedene Farben)
500 g gemischtes Hackfleisch
1 Zwiebel, fein gehackt
2 Knoblauchzehen, gehackt
200 g gekochter Reis
1 Dose gewürfelte Tomaten (400 g)
1 TL Paprikapulver
1 TL getrocknetes Basilikum
Salz und Pfeffer nach Geschmack
100 g geriebener Käse (z. B. Gouda oder Cheddar)
Frische Petersilie zum Garnieren

Nährwerte p. P.

380 kcal
20 g Fett
25 g Kohlenhydrate
25 g Eiweiß
25 g Ballaststoffe

1 Heizen Sie den Backofen auf 180 °C Umluft vor.

2 Schneiden Sie den oberen Teil der Paprikaschoten ab und entfernen Sie die Kerne und weißen Innenwände. Spülen Sie die Paprikaschoten gründlich aus.

3 Braten Sie das Hackfleisch zusammen mit der gehackten Zwiebel und dem Knoblauch in einer Pfanne an, bis das Hackfleisch braun und durchgebraten ist.

4 Fügen Sie den gekochten Reis, die gewürfelten Tomaten, das Paprikapulver, das getrocknete Basilikum, Salz und Pfeffer hinzu. Lassen Sie die Mischung für einige Minuten köcheln, damit sich die Aromen vermischen.

5 Füllen Sie die Paprikaschoten mit der Hackfleisch-Reis-Mischung und stellen Sie sie in eine Auflaufform. Decken Sie die Form mit Aluminiumfolie ab.

6 Backen Sie die gefüllten Paprikaschoten im vorgeheizten Backofen für etwa 30-35 Minuten. Entfernen Sie dann die Folie und bestreuen Sie die Paprikaschoten mit geriebenem Käse.

7 Backen Sie die gefüllten Paprikaschoten weitere 10-15 Minuten, bis der Käse goldbraun geschmolzen ist.

8 Nehmen Sie die gefüllten Paprikaschoten aus dem Ofen und lassen Sie sie für einige Minuten abkühlen. Garnieren Sie sie mit frischer Petersilie und servieren Sie sie warm.

HAWAII-TOAST

4 Port.

30 Min.

Leicht

Zutaten

8 Scheiben Toastbrot
8 Scheiben Kochschinken
8 Ananasscheiben (aus der Dose)
8 Scheiben Emmentaler Käse
Butter zum Bestreichen
Mayonnaise oder eine andere Soße nach Geschmack

Optional:
Ketchup oder Currypulver zum Garnieren

Nährwerte p. P.

350 kcal
31 g Kohlenhydrate
16 g Fett
18 g Eiweiß
2 g Ballaststoffe

1 Heizen Sie den Backofen auf 200 °C Umluft vor.

2 Bestreichen Sie jede Scheibe Toastbrot auf einer Seite mit Butter. Legen Sie je eine Scheibe Kochschinken, eine Ananasscheibe und eine Scheibe Emmentaler Käse auf die unbestrichene Seite von vier Toastbrotscheiben.

3 Legen Sie die übrigen vier Toastbrotscheiben mit der Butterseite nach oben auf die belegten Scheiben, um Sandwiches zu bilden.

4 Legen Sie die Sandwiches auf ein Backblech und backen Sie sie im vorgeheizten Backofen für etwa 10-12 Minuten, bis der Käse schmilzt und das Brot knusprig ist.

5 Optional können Sie die Hawaii-Toastscheiben mit Mayonnaise oder Ihrer bevorzugten Soße bestreichen und sie mit Ketchup oder Currypulver garnieren.

6 Servieren Sie die Hawaii-Toastscheiben warm.

HÄHNCHEN CORDON BLEU

4 Port.

40 Min.

Leicht

Zutaten

2 Hähnchenbrustfilets
4 Scheiben gekochter Schinken
4 Scheiben Käse (z. B. Emmentaler oder Gouda)
2 Eier
Mehl zum Panieren
Semmelbrösel zum Panieren
Salz und Pfeffer nach Geschmack
Öl zum Braten

Nährwerte p. P.

400 kcal
10 g Kohlenhydrate
20 g Fett
40 g Protein

1 Beginnen Sie damit, die Hähnchenbrustfilets der Länge nach vorsichtig zu halbieren, sodass dünnere Scheiben entstehen. Achten Sie darauf, das Fleisch gleichmäßig zu teilen und es nicht komplett durchzuschneiden.

2 Legen Sie nun auf jede Hälfte des Hähnchenbrustfilets eine Scheibe Schinken und eine Scheibe Käse. Sie können dafür zum Beispiel gekochten Schinken und Käsesorten wie Emmentaler oder Gouda verwenden. Die Füllung sollte die Filets komplett bedecken.

3 Klappen Sie das Fleisch vorsichtig zusammen, sodass die Füllung eingeschlossen ist. Drücken Sie die Ränder leicht an, um sicherzustellen, dass die Füllung während des Kochens nicht herausläuft.

4 In einer flachen Schüssel verquirlen Sie nun die Eier und würzen sie mit etwas Salz und Pfeffer nach Ihrem Geschmack. Stellen Sie eine weitere flache Schüssel mit Mehl und eine mit Semmelbröseln bereit.

5 Wenden Sie die gefüllten Hähnchenbrustfilets zunächst im Mehl, sodass sie leicht davon bedeckt sind. Tauchen Sie sie anschließend in die verquirlten Eier und stellen Sie sicher, dass sie vollständig damit überzogen sind. Zum Schluss legen Sie die Filets in die Schüssel mit den Semmelbröseln und drücken die Brösel leicht an, sodass sie gut haften bleiben. Sorgen Sie dafür, dass die Filets gleichmäßig mit den Bröseln bedeckt sind.

6 Erhitzen Sie in einer Pfanne ausreichend Öl auf mittlerer Hitze. Sobald das Öl heiß genug ist, legen Sie die panierten Hähnchen Cordon bleu vorsichtig in die Pfanne und braten sie von beiden Seiten goldbraun. Je nach Dicke der Filets dauert dies in der Regel etwa 4-6 Minuten pro Seite. Achten Sie darauf, sie regelmäßig zu wenden, damit sie gleichmäßig bräunen.

7 Sobald die Hähnchen Cordon bleu goldbraun und durchgegart sind, nehmen Sie sie mit einer Zange oder einem Pfannenwender aus der Pfanne und lassen Sie sie auf einem mit Küchenpapier ausgelegten Teller abtropfen. Dadurch wird überschüssiges Öl entfernt.

8 Sie können die Hähnchen Cordon bleu nach Belieben mit Beilagen wie Kartoffeln, Gemüse oder Salat servieren. Die knusprigen, gefüllten Hähnchenbrustfilets sind ein köstliches Hauptgericht, das sowohl warm als auch kalt genossen werden kann.

TRADITIONELLE FRIKADELLEN

4 Port. 30 Min. Leicht

Zutaten

500 g gemischtes Hackfleisch (halb Rind, halb Schwein)
1 Zwiebel, fein gehackt
2 Knoblauchzehen, fein gehackt
1 Ei
50 g Paniermehl oder Semmelbrösel
2 EL frische Petersilie, gehackt
1 TL Senf
Salz und Pfeffer nach Geschmack
2 EL Öl zum Braten

Nährwerte p. P.

330 kcal
8 g Kohlenhydrate
28 g Protein
1 g Ballaststoffe

1 Das Hackfleisch, die fein gehackte Zwiebel, den Knoblauch, das Ei, das Paniermehl oder die Semmelbrösel, die gehackte Petersilie und den Senf in einer großen Schüssel vermischen. Mit Salz und Pfeffer nach Geschmack würzen.

2 Die Zutaten gut miteinander vermengen, bis sie eine homogene Masse ergeben. Achten Sie darauf, das Hackfleisch nicht zu stark zu kneten, um eine zähe Konsistenz zu vermeiden.

3 Aus der Hackfleischmasse etwa golfballgroße Bällchen rollen und sie anschließend vorsichtig flach drücken, um Frikadellen zu formen.

4 In einer großen Pfanne das Öl erhitzen und die Frikadellen darin von beiden Seiten bei mittlerer Hitze goldbraun braten. Je nach Dicke der Frikadellen dauert dies in der Regel etwa 5-7 Minuten pro Seite. Achten Sie darauf, dass sie von allen Seiten gleichmäßig gebräunt und durchgegart sind.

5 Sobald die Frikadellen goldbraun und gar sind, nehmen Sie sie aus der Pfanne und lassen Sie sie kurz auf einem mit Küchenpapier ausgelegten Teller abtropfen, um überschüssiges Fett zu entfernen.

6 Servieren Sie die klassischen Frikadellen heiß, mit Beilagen wie Kartoffeln, Gemüse und einer Soße Ihrer Wahl.

7 Genießen Sie Ihre hausgemachten, klassischen Frikadellen!

CHILI CON CARNE

4 Port.

1 Std.

Leicht

Zutaten

500 g Rinderhackfleisch
1 Zwiebel, gewürfelt
2 Knoblauchzehen, gehackt
Je 1 rote und grüne Paprika, gewürfelt
1 Dose (400 g) gehackte Tomaten
1 Dose (400 g) Kidneybohnen, abgespült und abgetropft
Je 1 TL Kreuzkümmel, Paprikapulver und Chilipulver (je nach gewünschter Schärfe)
Salz und Pfeffer nach Geschmack

Optional:
frische Chilischoten für zusätzliche Schärfe
frische Korianderblätter zum Garnieren

Nährwerte p. P.

400 kcal
0 g Kohlenhydrate
10 g Zucker
15 g Fett

1 Erhitzen Sie etwas Öl in einem großen Topf oder einer Pfanne. Braten Sie das Rinderhackfleisch darin an, bis es braun und krümelig ist. Entfernen Sie überschüssiges Fett, falls vorhanden.

2 Fügen Sie die gewürfelte Zwiebel, den gehackten Knoblauch, die gewürfelten Paprikaschoten und optional die frischen Chilischoten hinzu. Braten Sie sie für etwa 5-7 Minuten an, bis sie weich sind.

3 Geben Sie die gehackten Tomaten, die abgespülten Kidneybohnen, den Kreuzkümmel, das Paprikapulver und das Chilipulver in den Topf. Gut umrühren, um alle Zutaten zu kombinieren.

4 Reduzieren Sie die Hitze auf die mittlere Stufe und lassen Sie das Chili con Carne für etwa 30-40 Minuten köcheln, damit sich die Aromen verbinden und die Soße eindickt. Gelegentlich umrühren und bei Bedarf etwas Wasser hinzufügen, um die gewünschte Konsistenz zu erreichen.

5 Mit Salz und Pfeffer abschmecken und weitere Gewürze hinzufügen, um den Geschmack anzupassen.

6 Servieren Sie das Chili con Carne heiß in Schüsseln. Optional können Sie frische Korianderblätter als Garnitur verwenden.

TACOS

4 Port.

40 Min.

Leicht

Zutaten

500 g Hackfleisch (Rind oder Hühnchen)
1 Zwiebel, gewürfelt
2 Knoblauchzehen, gehackt
Je 1 TL Kreuzkümmel, Paprikapulver und Chilipulver (je nach gewünschter Schärfe)
Salz und Pfeffer nach Geschmack
8 Taco-Schalen
Beläge nach Wahl: gewürfelte Tomaten, gewürfelte Zwiebeln, gehackter Salat, geriebe-ner Käse, Guacamole, saure Sahne, Salsa

Nährwerte p. P.

400 kcal
20 g Kohlenhydrate
5 g Zucker
20 g Fett
25 g Protein
4 g Ballaststoffe

1 Erhitzen Sie etwas Öl in einer Pfanne bei mittlerer Hitze. Geben Sie die gewürfelte Zwiebel und den gehackten Knoblauch hinzu und braten Sie sie etwa 2-3 Minuten an, bis sie weich und duftend sind.

2 Fügen Sie das Hackfleisch hinzu und braten Sie es unter Rühren an, bis es braun und durchgegart ist.

3 Fügen Sie Kreuzkümmel, Paprikapulver, Chili-Pulver, Salz und Pfeffer hinzu. Gut umrühren, um die Gewürze gleichmäßig zu verteilen. Lassen Sie das Hackfleisch noch einige Minuten köcheln, damit es den Geschmack der Gewürze annimmt.

4 Währenddessen können Sie die Taco-Schalen im Backofen oder in der Mikrowelle erwärmen, gemäß den Anweisungen auf der Verpackung.

5 Nehmen Sie die Taco-Schalen aus dem Ofen oder der Mikrowelle und füllen Sie sie mit dem gewürzten Hackfleisch.

6 Garnieren Sie die Tacos mit Ihren bevorzugten Belägen wie gewürfelten Tomaten, Zwiebeln, Salat, geriebenem Käse, Guacamole, saurer Sahne, Salsa usw.

Hauptgerichte mit Fisch

PELLKARTOFFELN MIT HERING

2 Port.

40 Min.

Leicht

Zutaten

4 große Kartoffeln (ca. 800 g)
200 g Matjesheringsfilets
1 Zwiebel, fein gehackt
2 Gewürzgurken, fein gehackt
4 EL saure Sahne oder Crème fraîche
2 EL frische Petersilie, gehackt
Salz und Pfeffer nach Geschmack

Nährwerte p. P.

350 kcal
38 g Kohlenhydrate
16 g Protein
15 g Fett
4 g Ballaststoffe

1 Sie beginnen damit, die Kartoffeln gründlich zu waschen, um Schmutz und Rückstände zu entfernen. Nehmen Sie einen großen Topf und füllen Sie ihn mit ausreichend Wasser. Geben Sie die gewaschenen Kartoffeln in den Topf.

2 Stellen Sie den Topf auf den Herd und bringen Sie das Wasser zum Kochen. Sobald das Wasser kocht, reduzieren Sie die Hitze auf mittlere Stufe, sodass die Kartoffeln sanft köcheln können.

3 Lassen Sie die Kartoffeln für etwa 20-25 Minuten kochen, bis sie gar sind. Die genaue Garzeit kann je nach Größe der Kartoffeln variieren. Um zu überprüfen, ob die Kartoffeln weich sind, können Sie vorsichtig mit einem Messer in eine Kartoffel stechen. Wenn das Messer leicht durch die Kartoffel gleitet, sind sie gar.

4 In der Zwischenzeit können Sie den Matjeshering abtropfen lassen, um überschüssige Flüssigkeit zu entfernen. Schneiden Sie den Hering dann in kleine Stücke, die gut zu den Kartoffeln passen.

5 Nehmen Sie eine Schüssel und geben Sie die gehackte Zwiebel und die Gewürzgurken hinein. Vermengen Sie sie mit dem vorbereiteten Matjeshering. Geben Sie nun saure Sahne oder Crème fraîche hinzu und vermischen Sie alles gut miteinander. Sie können die Menge der sauren Sahne oder Crème fraîche nach Ihrem Geschmack anpassen. Würzen Sie die Mischung mit Salz und Pfeffer, um den gewünschten Geschmack zu erreichen.

6 Sobald die Kartoffeln gar sind, gießen Sie das Kochwasser ab. Lassen Sie die Kartoffeln kurz abkühlen, damit sie leichter zu handhaben sind. Anschließend können Sie die Schale vorsichtig abziehen, wenn Sie geschälte Kartoffeln bevorzugen. Wenn Sie die Schale behalten möchten, können Sie die Kartoffeln halbieren.

7 Nun servieren Sie die Kartoffeln mit dem vorbereiteten Heringssalat. Geben Sie den Salat großzügig über die Kartoffeln und sorgen Sie dafür, dass alle Kartoffeln gut damit bedeckt sind. Als zusätzliche Dekoration können Sie frische Petersilie über die Kartoffeln streuen, um einen Hauch von Frische und Farbe hinzuzufügen.

8 Je nach Ihren Vorlieben können Sie die Pellkartoffeln mit Hering mit frischem Brot, einer grünen Salatbeilage oder saurer Sahne servieren. Diese Beilagen können das Gericht abrunden und für zusätzliche Geschmackserlebnisse sorgen.

FISCH-CURRY

4 Port.

40 Min.

Leicht

Zutaten

500 g festes Fischfilet (z. B. Kabeljau, Lachs oder Seelachs), in Würfel geschnitten
1 Zwiebel, gehackt
2 Knoblauchzehen, gehackt
1 Stück Ingwer (ca. 2 cm), gerieben
Je 1 rote und grüne Paprika, in Streifen geschnitten
1 Dose (400 ml) Kokosmilch
2 EL Currypaste (nach Geschmack, z. B. gelb, rot oder grün)
Je 1 TL Kurkuma, Kreuzkümmel und Korianderpulver
1 EL Öl (z. B. Rapsöl oder Kokosöl)
Salz und Pfeffer nach Geschmack
Gekochter Basmatireis oder Naan-Brot zum Servieren

Optional:
Frischer Koriander zum Garnieren

Nährwerte p. P.

400 kcal
15 g Kohlenhydrate
4 g Zucker
25 g Fett
35 g Protein
4 g Ballaststoffe

1 Erhitzen Sie das Öl in einer großen Pfanne oder einem Wok. Braten Sie die gehackte Zwiebel darin an, bis sie weich und leicht gebräunt ist.

2 Fügen Sie den gehackten Knoblauch und den geriebenen Ingwer hinzu. Braten Sie sie unter ständigem Rühren etwa 1 Minute mit, bis sie duften.

3 Geben Sie die Currypaste, Kurkuma, Kreuzkümmel und Korianderpulver in die Pfanne und rühren Sie gut um, um die Gewürze zu verteilen und anzurösten.

4 Fügen Sie die Paprikastreifen hinzu und braten Sie sie einige Minuten mit, bis sie leicht weich werden.

5 Gießen Sie die Kokosmilch in die Pfanne und rühren Sie gut um. Bringen Sie die Mischung zum Kochen und reduzieren Sie dann die Hitze.

6 Geben Sie vorsichtig die Fischwürfel in die Soße und lassen Sie sie sanft köcheln, bis der Fisch gar ist. Dies dauert in der Regel etwa 5-8 Minuten, abhängig von der Größe der Fischstücke.

7 Schmecken Sie das Fischcurry mit Salz und Pfeffer ab.

8 Richten Sie das Fischcurry auf einer Servierplatte an. Garnieren Sie es nach Belieben mit frischem Koriander.

9 Servieren Sie das Fischcurry mit gekochtem Basmatireis oder Naan-Brot.

FISCH IN ZITRONENBUTTER

4 Port.

40 Min.

Leicht

Zutaten

4 Fischfilets (z. B. Seelachs, Kabeljau oder Lachs)
4 EL Butter
Saft und abgeriebene Schale von einer Zitrone
Salz und Pfeffer nach Geschmack
Frische Kräuter (z. B. Petersilie oder Dill) zum Garnieren

Nährwerte p. P.

350 kcal
3 g Kohlenhydrate
25 g Fett
30 g Eiweiß

1 Heizen Sie den Backofen auf 200 °C Umluft vor, damit er die optimale Temperatur erreicht, während Sie den Fisch vorbereiten.

2 Spülen Sie die Fischfilets gründlich unter kaltem Wasser ab und tupfen Sie sie anschließend mit Küchenpapier trocken. Würzen Sie die Filets großzügig mit Salz und Pfeffer, um ihnen Geschmack zu verleihen.

3 In einer Pfanne schmelzen Sie die Butter bei mittlerer Hitze. Geben Sie den frisch gepressten Zitronensaft sowie die abgeriebene Zitronenschale hinzu und vermischen Sie alles gut miteinander. Diese köstliche Zitronenbutter wird dem Fisch eine aromatische Note verleihen.

4 Legen Sie die gewürzten Fischfilets vorsichtig in die Pfanne und braten Sie sie von beiden Seiten für etwa 2-3 Minuten an. Achten Sie darauf, dass sie eine goldene Farbe bekommen, aber nicht zu lange braten, damit der Fisch saftig bleibt.

5 Nehmen Sie eine Backform und fetten Sie sie leicht mit Butter ein, um ein Anhaften des Fischs zu verhindern. Legen Sie die angebratenen Fischfilets behutsam in die Form.

6 Gießen Sie den restlichen Zitronenbutter-Sud aus der Pfanne über die Fischfilets. Dieser zusätzliche Geschmack wird sich während des Backens im Ofen intensivieren.

7 Stellen Sie die Backform mit dem Fisch in den vorgeheizten Ofen und lassen Sie ihn für etwa 10-15 Minuten backen. Achten Sie darauf, dass der Fisch komplett durchgegart ist und eine leicht bräunliche Farbe annimmt.

8 Nehmen Sie den Fisch aus dem Ofen und garnieren Sie ihn mit frischen Kräutern wie Petersilie oder Dill. Diese Kräuter verleihen dem Gericht nicht nur einen ansprechenden Anblick, sondern auch ein zusätzliches Aroma.

9 Servieren Sie den Fisch in Zitronenbutter zusammen mit Beilagen wie Reis, Kartoffeln oder Gemüse. Die saftigen Fischfilets, die mit der köstlichen Zitronenbutter durchtränkt sind, werden Ihnen ein wahres Geschmackserlebnis bieten.

LACHS WELLINGTON

 4 Port.  40 Min.   Leicht

Zutaten

4 Lachsfilets (ca. 150 g pro Stück)
2 Blätter Blätterteig
200 g frische Spinatblätter
150 g Frischkäse
1 Eigelb, verquirlt
Salz und Pfeffer nach Geschmack
Olivenöl

Nährwerte p. P.

550 kcal
29 g Kohlenhydrate
34 g Fett
30 g Eiweiß

1 Heizen Sie den Backofen auf 200 °C Umluft vor. Legen Sie eine Backform mit Backpapier aus, um sie für den Lachs Wellington vorzubereiten.

2 Würzen Sie die Lachsfilets mit Salz und Pfeffer nach Ihrem Geschmack und stellen Sie sie beiseite, während Sie die anderen Zutaten vorbereiten.

3 Erhitzen Sie etwas Olivenöl in einer Pfanne und braten Sie den frischen Spinat darin kurz an, bis er zusammenfällt. Lassen Sie ihn anschließend abkühlen und drücken Sie überschüssige Flüssigkeit aus.

4 Rollen Sie den Blätterteig aus und schneiden Sie ihn in 4 Rechtecke, die groß genug sind, um die Lachsfilets darin einzupacken.

5 Verteilen Sie auf jedes Blätterteig-Rechteck eine dünne Schicht Frischkäse, um dem Lachs Wellington zusätzlichen Geschmack zu verleihen.

6 Verteilen Sie die abgekühlten Spinatblätter gleichmäßig auf dem Frischkäse, um eine schmackhafte Spinatfüllung zu erhalten.

7 Legen Sie die gewürzten Lachsfilets auf den Spinat und wickeln Sie sie vorsichtig in den Blätterteig ein. Achten Sie darauf, die Ränder gut zu verschließen, damit die Füllung während des Backens nicht herauskommt.

8 Platzieren Sie die eingerollten Lachsfilets auf dem vorbereiteten Backblech und bestreichen Sie sie mit verquirltem Eigelb. Dadurch erhält der Blätterteig eine schöne goldbraune Farbe beim Backen.

9 Backen Sie die Lachs Wellington im vorgeheizten Backofen für etwa 20-25 Minuten, bis der Blätterteig goldbraun und knusprig ist und der Lachs im Inneren zartrosa und durchgegart ist.

10 Nehmen Sie die Lachs Wellington aus dem Ofen und lassen Sie sie vor dem Servieren kurz abkühlen. Dadurch können sich die Aromen besser entfalten, und Sie vermeiden Verbrennungen beim Anschneiden der warmen Wellingtonscheiben.

GEBRATENER KABELJAU

4 Port.

40 Min.

Leicht

Zutaten

4 Kabeljaufilets (je ca. 150 g)
2 EL Olivenöl
Saft einer Zitrone
Salz und Pfeffer nach Geschmack
2 Knoblauchzehen, gehackt
2 EL gehackte frische Petersilie
Zitronenscheiben zum Garnieren

Nährwerte p. P.

200 kcal
0 g Kohlenhydrate
10 g Fett
26 g Eiweiß

1 Würzen Sie die Kabeljaufilets mit Salz und Pfeffer nach Ihrem Geschmack und stellen Sie sie beiseite, während Sie die Pfanne vorbereiten.

2 Erhitzen Sie das Olivenöl in einer Pfanne bei mittlerer Hitze, um den Kabeljau darin zu braten.

3 Geben Sie den gehackten Knoblauch in die Pfanne und braten Sie ihn kurz an, bis er duftet und eine aromatische Note entwickelt.

4 Legen Sie die gewürzten Kabeljaufilets vorsichtig in die Pfanne und braten Sie sie von jeder Seite für etwa 4-5 Minuten an. Achten Sie darauf, dass sie eine goldbraune Farbe bekommen und leicht bröckelig werden. Dies verleiht dem Kabeljau eine knusprige Textur und ein köstliches Aroma.

5 Während des Bratens beträufeln Sie den Kabeljau immer wieder mit Zitronensaft. Dies verleiht dem Gericht eine erfrischende und zitrusartige Note, die den Geschmack des Kabeljaus wunderbar ergänzt.

6 Bestreuen Sie den gebratenen Kabeljau großzügig mit gehackter Petersilie, um ihm zusätzliches Aroma und eine ansprechende grüne Farbe zu verleihen. Lassen Sie den Kabeljau für weitere 1-2 Minuten in der Pfanne ruhen, damit sich die Aromen gut entfalten können.

7 Für die Präsentation garnieren Sie den Kabeljau mit einigen Zitronenscheiben. Dies verleiht dem Gericht nicht nur einen dekorativen Touch, sondern ermöglicht es auch Ihren Gästen, bei Bedarf zusätzlichen Zitronensaft über den Kabeljau zu träufeln.

8 Servieren Sie den gebratenen Kabeljau heiß, um das volle Geschmackserlebnis zu genießen.

LACHS MIT DILLSOẞE

4 Port.

40 Min.

Leicht

Zutaten

Zutaten für den gebratenen Lachs:

4 Lachsfilets (je ca. 150–200 g)
2 EL Olivenöl
Salz und Pfeffer nach Geschmack

Zutaten für die Dillsauce:

200 ml saure Sahne oder griechischer Joghurt
2 EL frischer Dill, fein gehackt
1 EL Zitronensaft
Salz und Pfeffer nach Geschmack

Nährwerte p. P.

350 kcal
2 g Kohlenhydrate
25 g Fett
30 g Protein

1 Den Lachs gründlich abspülen und mit Küchenpapier trocken tupfen, um überschüssige Feuchtigkeit zu entfernen. Anschließend den Lachs mit Salz und Pfeffer auf beiden Seiten würzen, um ihm Geschmack zu verleihen.

2 Erhitzen Sie das Olivenöl in einer Pfanne bei mittlerer Hitze. Sobald das Öl heiß ist, legen Sie die Lachsfilets vorsichtig mit der Hautseite nach unten in die Pfanne. Achten Sie darauf, dass die Filets nicht zu eng aneinander liegen, damit sie gleichmäßig braten können.

3 Lassen Sie den Lachs auf der Hautseite ca. 4-5 Minuten braten, bis die Haut knusprig ist und eine goldbraune Farbe annimmt. Dabei bildet sich eine schmackhafte Kruste, die dem Lachs eine herrliche Textur verleiht.

4 Sobald die Hautseite knusprig ist, drehen Sie die Lachsfilets vorsichtig um und braten Sie sie auf der anderen Seite weitere 2-3 Minuten, bis der Lachs durchgegart ist. Die genaue Garzeit hängt von der Dicke der Filets ab. Der Lachs sollte innen zartrosa und saftig sein.

5 Während der Lachs brät, können Sie die Dillsauce zubereiten. Dafür geben Sie die saure Sahne oder den griechischen Joghurt in eine Schüssel und fügen den fein gehackten frischen Dill, Zitronensaft, Salz und Pfeffer hinzu. Rühren Sie die Zutaten gut um, bis sie sich gleichmäßig verteilen und eine cremige Dillsoße entsteht.

6 Sobald der Lachs fertig gebraten ist, können Sie ihn auf Tellern anrichten. Gießen Sie etwas von der zubereiteten Dillsoße über den Lachs und servieren Sie den Rest in einer Schüssel neben dem Lachs.

7 Nach Belieben können Sie den gebratenen Lachs mit Beilagen wie gedämpftem Gemüse, Reis oder Kartoffeln servieren, um eine vollständige Mahlzeit zu kreieren. Diese Beilagen ergänzen den Geschmack des Lachses und bieten eine ausgewogene Mahlzeit.

Vegetarische & vegane Hauptgerichte

KARTOFFELPUFFER

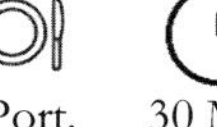

2 Port. 30 Min. Leicht

Zutaten

4 große Kartoffeln
1 Zwiebel
2 Eier
4 EL Mehl
1 TL Salz
Pfeffer nach Geschmack
Öl zum Braten

Nährwerte p. P.

250 kcal
35 g Kohlenhydrate
10 g Fett
6 g Protein
3 g Ballaststoffe

1 Schälen Sie die Kartoffeln und die Zwiebel. Raspeln Sie die Kartoffeln grob und geben Sie sie in ein sauberes Küchentuch. Drücken Sie das Tuch fest zusammen, um überschüssige Flüssigkeit aus den Kartoffeln zu entfernen.

2 Raspeln Sie die Zwiebel fein und fügen Sie sie zu den ausgedrückten Kartoffeln hinzu.

3 Fügen Sie die Eier, das Mehl, das Salz und den Pfeffer hinzu. Mischen Sie alle Zutaten gut, bis sie gut kombiniert sind.

4 Erhitzen Sie etwas Öl in einer Pfanne auf mittlerer Hitze.

5 Nehmen Sie eine Handvoll Kartoffelmischung und drücken Sie sie leicht zusammen, um eine flache Scheibe zu formen. Geben Sie sie vorsichtig in die heiße Pfanne.

6 Braten Sie die Kartoffelpuffer von jeder Seite goldbraun und knusprig. Dies dauert in der Regel etwa 3-4 Minuten pro Seite.

7 Nehmen Sie die fertigen Kartoffelpuffer aus der Pfanne und lassen Sie sie auf Küchenpapier abtropfen, um überschüssiges Öl zu entfernen.

8 Wiederholen Sie den Vorgang, bis die gesamte Kartoffelmischung verarbeitet ist. Geben Sie bei Bedarf mehr Öl in die Pfanne.

LINSENBRATEN

 4 Port.

 1,5 Std.

 Leicht

Zutaten

200 g grüne oder braune Linsen
1 Zwiebel, gehackt
2 Knoblauchzehen, gehackt
1 Karotte, fein gewürfelt
1 Selleriestange, fein gewürfelt
1 TL gemahlener Kreuzkümmel
1 TL Paprikapulver
1 TL getrocknete Kräuter (z. B. Thymian, Rosmarin)
4 EL Haferflocken
2 EL Tomatenmark
Salz und Pfeffer nach Geschmack
Olivenöl zum Braten

Nährwerte p. P.

220 kcal
36 g Kohlenhydrate
3 g Fett
12 g Protein
10 g Ballaststoffe

1 Spülen Sie die Linsen gründlich unter fließendem Wasser ab, um eventuelle Verunreinigungen zu entfernen. Geben Sie die Linsen anschließend in einen Topf und fügen Sie Wasser gemäß der Packungsanleitung hinzu. Garen Sie die Linsen, bis sie weich sind. Dies dauert in der Regel etwa 20-30 Minuten, kann aber je nach Sorte variieren. Sobald die Linsen gar sind, gießen Sie sie in ein Sieb ab und stellen Sie sie beiseite.

2 Erhitzen Sie etwas Olivenöl in einer Pfanne auf mittlerer Hitze. Geben Sie die gehackten Zwiebeln, den Knoblauch, die Karotten und den Sellerie in die Pfanne und braten Sie sie an, bis sie weich und leicht gebräunt sind. Dies dauert in der Regel etwa 5-7 Minuten. Rühren Sie gelegentlich um, um ein Anbrennen zu verhindern.

3 Geben Sie die gekochten Linsen zu den angebratenen Gemüsen in der Pfanne und vermischen Sie sie gründlich. Fügen Sie Kreuzkümmel, Paprikapulver, getrocknete Kräuter, Salz und Pfeffer hinzu und würzen Sie die Mischung nach Ihrem Geschmack. Rühren Sie die Gewürze gut ein, um den Geschmack gleichmäßig zu verteilen.

4 Fügen Sie die Haferflocken und das Tomatenmark zur Linsen-Gemüse-Mischung hinzu und vermischen Sie alles erneut gründlich. Die Haferflocken helfen dabei, die Masse zu binden und dem Braten eine kompakte Konsistenz zu verleihen.

5 Fetten Sie eine Kastenform leicht mit Olivenöl ein, um ein Ankleben zu verhindern.

6 Verteilen Sie die Linsenmischung gleichmäßig in der Form, drücken Sie sie leicht an und glätten Sie die Oberfläche.

7 Heizen Sie den Backofen auf 180 °C (Umluft) vor. Stellen Sie die Kastenform mit dem Linsenbraten in den vorgeheizten Ofen und backen Sie ihn für etwa 30-40 Minuten, bis er goldbraun und fest ist. Die genaue Backzeit kann je nach Ofen variieren, daher ist es ratsam, den Braten regelmäßig zu überprüfen.

8 Nehmen Sie den Linsenbraten aus dem Ofen und lassen Sie ihn kurz abkühlen, damit er sich etwas setzen kann. Anschließend können Sie den Braten aus der Form nehmen und in Scheiben schneiden.

COUSCOUS-GEMÜSEPFANNE

4 Port. 30 Min. Leicht

Zutaten

200 g Couscous
1 Zwiebel, gehackt
2 Knoblauchzehen, gehackt
Je 1 rote und gelbe Paprika, gewürfelt
Je 1 Zucchini und Aubergine, gewürfelt
200 g Kirschtomaten, halbiert
2 EL Olivenöl
1 TL gemahlener Kreuzkümmel
1 TL Paprikapulver
Salz und Pfeffer nach Geschmack
Frische Kräuter (z. B. Petersilie oder Koriander) zum Garnieren

Nährwerte p. P.

280 kcal
50 g Kohlenhydrate
6 g Fett
8 g Protein
8 g Ballaststoffe

1 Bereiten Sie den Couscous gemäß der Packungsanleitung zu. In der Regel wird er mit kochendem Wasser übergossen und für einige Minuten ziehen gelassen, bis er weich und fluffig ist. Lockern Sie den Couscous mit einer Gabel auf und stellen Sie ihn beiseite.

2 Erhitzen Sie das Olivenöl in einer großen Pfanne bei mittlerer Hitze. Geben Sie die gehackte Zwiebel und den gehackten Knoblauch hinzu und braten Sie sie an, bis sie duftend und leicht gebräunt sind.

3 Geben Sie die gewürfelten Paprika, die Zucchini und die Aubergine in die Pfanne und braten Sie sie für etwa 5-7 Minuten an, bis sie leicht weich sind.

4 Fügen Sie die halbierten Kirschtomaten in die Pfanne hinzu und braten Sie sie für weitere 2-3 Minuten mit, bis sie leicht gebräunt sind.

5 Würzen Sie das Gemüse mit gemahlenem Kreuzkümmel, Paprikapulver, Salz und Pfeffer nach Geschmack. Rühren Sie die Gewürze gut ein, um den Geschmack gleichmäßig zu verteilen.

6 Fügen Sie den zubereiteten Couscous in die Pfanne mit dem Gemüse hinzu und vermischen Sie alles gründlich, um die Aromen zu kombinieren. Erhitzen Sie die Mischung für weitere 2-3 Minuten, damit der Couscous warm wird.

7 Nehmen Sie die Pfanne vom Herd und garnieren Sie die Couscous-Gemüse-Pfanne mit frischen Kräutern wie Petersilie oder Koriander.

KÄSESOUFFLÉ

4 Port.

40 Min.

Leicht

Zutaten

30 g Butter
30 g Mehl
250 ml Milch
100 g geriebener Käse (z. B. Gruyère oder Emmentaler)
3 Eier, getrennt
Salz und Pfeffer nach Geschmack
Eine Prise Muskatnuss

Optional:
Eine Prise Cayennepfeffer

Nährwerte p. P.

270 kcal
10 g Kohlenhydrate
19 g Fett
14 g Protein
1 g Ballaststoffe

1 Heizen Sie den Backofen auf 200 °C (Ober-/Unterhitze) vor und fetten Sie eine Soufflé-Form gut aus.

2 Schmelzen Sie die Butter bei mittlerer Hitze in einem kleinen Topf. Geben Sie nach und nach das Mehl hinzu und rühren Sie gut um, um eine glatte Masse, die sogenannte Roux, zu erhalten. Lassen Sie die Roux für ein paar Minuten köcheln, um den Mehlgeschmack zu entfernen.

3 Fügen Sie nach und nach die Milch hinzu und rühren Sie kontinuierlich, um eine glatte und dicke Soße zu erhalten. Kochen Sie die Soße für etwa 2-3 Minuten, bis sie etwas eingedickt ist.

4 Nehmen Sie den Topf vom Herd und fügen Sie den geriebenen Käse hinzu. Rühren Sie, bis der Käse vollständig geschmolzen und gleichmäßig verteilt ist. Lassen Sie die Mischung etwas abkühlen.

5 Trennen Sie die Eier und geben Sie das Eigelb zur Käsemischung. Rühren Sie gut um und würzen Sie die Mischung mit Salz, Pfeffer, Muskatnuss und optional etwas Cayennepfeffer für einen leicht pikanten Geschmack.

6 Schlagen Sie das Eiweiß in einer sauberen Schüssel steif. Fügen Sie eine Prise Salz hinzu, um die Stabilität zu erhöhen.

7 Fügen Sie etwa ein Drittel des geschlagenen Eiweißes zur Käsemischung hinzu und heben Sie es vorsichtig mit einem Schneebesen oder einem Löffel unter, um die Masse aufzulockern.

8 Verfahren Sie dann mit dem Rest des Eiweißes ebenso und heben Sie es sanft unter, bis die Mischung homogen ist.

9 Gießen Sie die Soufflé-Mischung in die vorbereitete Form und glätten Sie die Oberfläche mit einem Löffel.

10 Stellen Sie die Soufflé-Form in den vorgeheizten Backofen und backen Sie das Käsesoufflé für etwa 20-25 Minuten oder bis es schön aufgegangen, goldbraun und fest ist.

11 Sobald das Soufflé fertig ist, nehmen Sie es vorsichtig aus dem Ofen und servieren Sie es sofort, solange es noch schön aufgegangen ist. Das Soufflé wird mit der Zeit zusammenfallen, daher ist es wichtig, es direkt zu servieren.

GRIEßBREI

4 Port.

30 Min.

Leicht

Zutaten

500 ml Milch
50 g Grieß
30 g Zucker (oder nach Geschmack)
Eine Prise Salz

Optional:
1 TL Vanilleextrakt
Zimt oder andere Gewürze zum Garnieren

Nährwerte p. P.

200 kcal
35 g Kohlenhydrate
4 g Fett
6 g Protein
1 g Ballaststoffe

1 Bringen Sie die Milch in einem Topf zum Kochen. Reduzieren Sie dann die Hitze auf niedrig.

2 Geben Sie langsam den Grieß zur warmen Milch und rühren Sie kontinuierlich mit einem Schneebesen, um Klumpen zu vermeiden.

3 Würzen Sie den Grießbrei mit dem Zucker und einer Prise Salz. Optional können Sie auch Vanilleextrakt für einen zusätzlichen Geschmack hinzufügen.

4 Lassen Sie den Grießbrei unter gelegentlichem Rühren für etwa 10-15 Minuten köcheln, bis er eingedickt ist und die gewünschte Konsistenz erreicht hat.

5 Nehmen Sie den Topf vom Herd und lassen Sie den Grießbrei für einige Minuten abkühlen. Er wird beim Abkühlen noch etwas fester.

6 Verteilen Sie den Grießbrei in Schalen oder tiefe Teller und garnieren Sie ihn nach Belieben mit Zimt oder anderen Gewürzen.

GEMÜSESUPPE

4 Port. 40 Min. Leicht

Zutaten

1 Zwiebel, gehackt
2 Knoblauchzehen, gehackt
2 Karotten, gewürfelt
2 Selleriestangen, gewürfelt
1 Paprika, gewürfelt
1 kleine Zucchini, gewürfelt
1 L Gemüsebrühe
1 Dose gehackte Tomaten
1 TL Olivenöl
1 TL gemahlener Kreuzkümmel
1 TL Paprikapulver
Salz und Pfeffer nach Geschmack
Frische Kräuter zum Garnieren (z. B. Petersilie oder Schnittlauch)

Nährwerte p. P.

200 kcal
30 g Kohlenhydrate
7 g Protein
5 g Ballaststoffe

1 Erhitzen Sie das Olivenöl in einem großen Topf bei mittlerer Hitze. Fügen Sie die Zwiebel und den Knoblauch hinzu und braten Sie sie an, bis sie weich und leicht gebräunt sind.

2 Fügen Sie die Karotten, den Sellerie, die Paprika und die Zucchini hinzu und kochen Sie sie für ca. 5 Minuten, bis das Gemüse etwas weicher wird.

3 Geben Sie die Gemüsebrühe und die gehackten Tomaten in den Topf. Rühren Sie um und bringen Sie die Suppe zum Kochen. Reduzieren Sie die Hitze und lassen Sie die Suppe für etwa 15-20 Minuten köcheln, bis das Gemüse vollständig gar ist.

4 Fügen Sie den gemahlenen Kreuzkümmel und das Paprikapulver hinzu. Würzen Sie mit Salz und Pfeffer nach Geschmack und rühren Sie gut um.

5 Sobald das Gemüse weich ist und die Aromen gut vermischt sind, können Sie die Suppe vom Herd nehmen. Lassen Sie sie ein paar Minuten abkühlen.

6 Servieren Sie die vegane Gemüsesuppe in Schüsseln und garnieren Sie sie mit frischen Kräutern.

SPAGHETTI MIT TOMATENSOßE

4 Port.

30 Min.

Leicht

Zutaten

250 g Spaghetti
2 EL Olivenöl
1 Zwiebel, gehackt
2 Knoblauchzehen, gehackt
800 g gehackte Tomaten (aus der Dose)
2 EL Tomatenmark
Je 1 TL getrocknetes Basilikum und Oregano
Salz und Pfeffer nach Geschmack
Frische Kräuter (z. B. Basilikum oder Petersilie) zum Garnieren

Optional:
eine Prise Zucker, um die Säure der Tomaten auszugleichen

Nährwerte p. P.

400 kcal
70 g Kohlenhydrate
10 g Protein
5 g Fett
7 g Ballaststoffe

1 Bringen Sie einen großen Topf mit Wasser zum Kochen. Fügen Sie etwas Salz hinzu und kochen Sie die Spaghetti gemäß den Anweisungen auf der Verpackung al dente.

2 In der Zwischenzeit erhitzen Sie das Olivenöl in einer Pfanne bei mittlerer Hitze. Fügen Sie die gehackte Zwiebel hinzu und braten Sie sie an, bis sie weich und leicht gebräunt ist.

3 Fügen Sie den gehackten Knoblauch hinzu und braten Sie ihn für etwa 1 Minute mit der Zwiebel an, bis er duftet.

4 Geben Sie die gehackten Tomaten und das Tomatenmark in die Pfanne. Rühren Sie um, um alle Zutaten gut zu vermischen.

5 Fügen Sie das getrocknete Basilikum und den getrockneten Oregano hinzu. Würzen Sie mit Salz und Pfeffer nach Geschmack. Optional können Sie eine Prise Zucker hinzufügen, um die Säure der Tomaten auszugleichen.

6 Reduzieren Sie die Hitze und lassen Sie die Tomatensoße für etwa 15-20 Minuten köcheln, damit sich die Aromen gut vermischen und die Soße eindickt.

7 Sobald die Spaghetti al dente gekocht sind, gießen Sie sie ab und geben Sie sie zurück in den Topf.

8 Gießen Sie die Tomatensoße über die Spaghetti und rühren Sie gut um, um die Nudeln gleichmäßig mit der Soße zu bedecken.

9 Servieren Sie die Spaghetti mit Tomatensoße auf Tellern und garnieren Sie sie mit frischen Kräutern.

NUDELN MIT TOMATENMARK

4 Port. 20 Min. Leicht

Zutaten

200 g Nudeln (z. B. Spaghetti oder Penne)
2–3 EL Olivenöl
2 Knoblauchzehen, gehackt
2 EL Tomatenmark
1 TL getrocknetes Basilikum
1 TL getrockneter Oregano
Salz und Pfeffer nach Geschmack

Optional:
Parmesan oder Pecorino-Käse zum Servieren
Frische Basilikumblätter zur Garnierung

Nährwerte p. P.

350 kcal
56 g Kohlenhydrate
8 g Fett
10 g Protein
4 g Ballaststoffe

1 Kochen Sie die Nudeln gemäß den Anweisungen auf der Verpackung in leicht gesalzenem Wasser al dente. Gießen Sie sie ab und stellen Sie sie beiseite.

2 Erhitzen Sie das Olivenöl in einer großen Pfanne bei mittlerer Hitze. Fügen Sie den gehackten Knoblauch hinzu und braten Sie ihn für etwa 1-2 Minuten an, bis er duftet.

3 Fügen Sie das Tomatenmark in die Pfanne hinzu und rühren Sie es gut um, um es mit dem Knoblauch und dem Öl zu vermischen.

4 Fügen Sie das getrocknete Basilikum und den getrockneten Oregano hinzu. Würzen Sie mit Salz und Pfeffer nach Geschmack. Rühren Sie die Gewürze gut ein.

5 Geben Sie die gekochten Nudeln in die Pfanne und vermischen Sie sie gründlich mit der Tomatenmark-Mischung, bis die Nudeln gut damit bedeckt sind.

6 Braten Sie die Nudeln mit Tomatenmark für weitere 1-2 Minuten, um sie zu erwärmen.

7 Optional können Sie den Teller mit geriebenem Parmesan- oder Pecorino-Käse bestreuen und mit frischen Basilikumblättern garnieren.

8 Servieren Sie die Nudeln mit Tomatenmark heiß und genießen Sie sie.

ARME RITTER

4 Port. 20 Min. Leicht

Zutaten

4 Scheiben altbackenes Brot (z. B. Weißbrot)
2 Eier
¼ Tasse Milch
1 TL Vanillezucker
1 Prise Zimt
1 EL Butter

Optional:
Ahornsirup oder Puderzucker zum Servieren
Frische Früchte oder Beeren zur Garnierung

Nährwerte p. P.

350 kcal
40 g Kohlenhydrate
15 g Fett
12 g Protein
2 g Ballaststoffe

1 Verquirlen Sie die Eier, die Milch, den Vanillezucker und den Zimt in einer flachen Schüssel, bis sie gut vermischt sind.

2 Tauchen Sie die Scheiben altbackenes Brot in die Ei-Milch-Mischung ein und benetzen Sie beide Seiten des Brotes gut damit.

3 Lassen Sie die Butter in einer Pfanne bei mittlerer Hitze schmelzen.

4 Geben Sie die eingeweichten Brotscheiben in die Pfanne und braten Sie sie von beiden Seiten goldbraun. Je nach Pfannengröße können Sie mehrere Scheiben gleichzeitig braten oder sie nacheinander braten und warmhalten.

5 Richten Sie die gebratenen Armen Ritter auf einem Teller an und garnieren Sie sie nach Belieben mit Ahornsirup, Puderzucker oder frischen Früchten.

6 Servieren Sie die Armen Ritter heiß und genießen Sie sie.

HEFEKLÖßE

4 Port. 30 Min. Leicht

Zutaten

500 g Mehl
1 Würfel frische Hefe (ca. 42 g) oder 2 Päckchen Trockenhefe
250 ml lauwarme Milch
50 g Zucker
1 Prise Salz
50 g geschmolzene Butter
2 Eier
Semmelbrösel zum Bestreuen

Optional:
Butter zum Servieren
Puderzucker zum Bestreuen

Nährwerte p. P.

300 kcal
55 g Kohlenhydrate
7 g Fett
9 g Protein
2 g Ballaststoffe

1 Lösen Sie die Hefe in einer kleinen Schüssel in der lauwarmen Milch auf. Fügen Sie einen Teelöffel Zucker hinzu und lassen Sie die Mischung für etwa 10 Minuten ruhen, bis die Hefe aktiv wird und Blasen bildet.

2 Vermischen Sie in einer großen Schüssel das Mehl, den restlichen Zucker und das Salz. Fügen Sie die geschmolzene Butter und die aufgelöste Hefe-Milch-Mischung hinzu.

3 Schlagen Sie die Eier auf und geben Sie sie in die Schüssel. Kneten Sie alle Zutaten gut zusammen, bis ein glatter Teig entsteht.

4 Bedecken Sie die Schüssel mit einem sauberen Küchentuch und lassen Sie den Teig an einem warmen Ort für etwa 1 Stunde aufgehen, bis er sein Volumen verdoppelt hat.

5 Nachdem der Teig aufgegangen ist, formen Sie kleine Klöße oder Bällchen mit den Händen.

6 Bringen Sie in einem großen Topf Wasser zum Kochen. Geben Sie eine Prise Salz hinzu.

7 Legen Sie die Hefeklöße in das kochende Wasser und lassen Sie sie für etwa 10-15 Minuten kochen, bis sie aufgegangen und gar sind. Die Klöße sollten an der Oberfläche schwimmen.

8 Nehmen Sie die Klöße mit einem Schaumlöffel die Klöße vorsichtig aus dem Wasser und lassen Sie sie auf einem Sieb abtropfen.

9 Optional können Sie die Hefeklöße vor dem Servieren in Semmelbröseln wälzen, um eine knusprige Kruste zu erhalten.

10 Servieren Sie die Hefeklöße warm mit geschmolzener Butter und bestreuen Sie sie nach Belieben mit Puderzucker.

ZIMT & ZUCKER-NUDELN

4 Port.

20 Min.

Leicht

Zutaten

200 g Nudeln (z. B. Spaghetti oder Fettuccine)
2 EL Butter
2 EL Zucker
1 TL Zimt

Optional:
eine Prise Salz
Puderzucker zum Bestreuen

Nährwerte p. P.

350 kcal
57 g Kohlenhydrate
10 g Fett
6 g Protein
2 g Ballaststoffe

1 Kochen Sie die Nudeln gemäß den Anweisungen auf der Verpackung al dente. Gießen Sie die Nudeln ab und stellen Sie sie beiseite.

2 Schmelzen Sie die Butter in einer Pfanne bei mittlerer Hitze. Geben Sie den Zucker und den Zimt hinzu und rühren Sie gut um, bis der Zucker geschmolzen ist und sich mit der Butter und dem Zimt vermischt hat. Bei Bedarf können Sie eine Prise Salz hinzufügen, um den Geschmack abzurunden.

3 Fügen Sie die gekochten Nudeln in die Pfanne mit der Zuckermischung hinzu. Rühren Sie vorsichtig um, bis die Nudeln gut mit der Zuckermischung überzogen sind.

4 Braten Sie die Nudeln für etwa 1-2 Minuten unter ständigem Rühren, bis sie leicht karamellisiert sind.

5 Nehmen Sie die Pfanne vom Herd und servieren Sie die süßen Nudeln warm. Bei Bedarf können Sie die Nudeln mit Puderzucker bestreuen, um ihnen eine zusätzliche süße Note zu verleihen.

Fingerfood & Snacks

RUMAKI

6 Port. 50 Min. Leicht

Zutaten

12 Scheiben Bacon
24 gewürfelte Wasserkastanien
12 Stücke Ananas (frisch oder aus der Dose)
50 ml Sojasoße
50 g brauner Zucker
Holzspieße oder Zahnstocher zum Fixieren

Nährwerte p. P.

180 kcal
15 g Kohlenhydrate
8 g Zucker
12 g Zucker
6 g Protein
2 g Ballast-stoffe

1 Halbieren Sie den Bacon, um 24 kleinere Streifen zu erhalten, auf die Sie jeweils eine gewürfelte Wasserkastanie und ein Stück Ananas legen. Wickeln Sie den Bacon um die Füllung und fixieren Sie ihn mit einem Holzspieß oder einem Zahnstocher, um sicherzustellen, dass die Zutaten zusammenhalten. Legen Sie die Rumaki-Häppchen in eine flache Schüssel.

2 Mischen Sie die Sojasoße und den braunen Zucker in einer separaten kleinen Schüssel, um eine süß-salzige Marinade herzustellen. Gießen Sie die Sojasoße-Zucker-Mischung über die Rumaki-Häppchen und stellen Sie sicher, dass sie gleichmäßig verteilt ist, um einen guten Geschmack zu gewährleisten. Lassen Sie die Rumaki-Häppchen für einige Zeit marinieren, damit sie den Geschmack der Marinade aufnehmen können.

3 Heizen Sie den Ofen auf 200 °C vor und backen Sie die marinierten Rumaki-Häppchen für etwa 20-25 Minuten, bis der Bacon knusprig ist. Dies verleiht den Rumaki-Häppchen eine angenehme Textur und lässt den Bacon schön bräunen.

4 Lassen Sie die Rumaki-Häppchen vor dem Servieren etwas abkühlen, um Verbrennungen zu vermeiden und den Geschmack besser wahrnehmen zu können.

DORITOS

4 Port.

30 Min.

Leicht

Zutaten

8 Tortillafladen (Maismehl- oder Weizenmehltortillas)
2 EL Olivenöl
Je 1 TL Paprika-, Knoblauch- und Zwiebelpulver
1 TL Salz

Nährwerte p. P.

120 kcal
15 g Kohlenhydrate
6 g Fett
2 g Eiweiß

1 Heizen Sie den Backofen auf 180 C Umluft vor und legen Sie ein Backblech mit Backpapier aus, um sicherzustellen, dass die Doritos-Chips nicht am Blech haften bleiben.

2 Nehmen Sie die Tortillafladen und schneiden Sie sie in Dreiecke, um die charakteristische Form von Doritos-Chips zu erhalten. Sie können die Größe der Dreiecke nach Ihrem Geschmack anpassen.

3 Mischen Sie Olivenöl, Paprikapulver, Knoblauchpulver, Zwiebelpulver und Salz in einer Schüssel. Rühren Sie die Gewürze gut um, damit sie sich gleichmäßig verteilen.

4 Tauchen Sie die Tortilladreiecke in die Gewürzmischung und stellen Sie sicher, dass sie auf beiden Seiten gleichmäßig damit bedeckt sind. Dies verleiht den Chips den charakteristischen Geschmack von Doritos.

5 Verteilen Sie die gewürzten Tortilladreiecke auf dem vorbereiteten Backblech und stellen Sie sicher, dass sie nicht überlappen. Dadurch wird gewährleistet, dass sie beim Backen gleichmäßig knusprig werden.

6 Geben Sie das Backblech mit den Tortilladreiecken in den vorgeheizten Backofen. Backen Sie sie für etwa 10-12 Minuten, bis sie knusprig und leicht gebräunt sind. Die genaue Backzeit kann je nach Dicke der Tortillas variieren, also behalten Sie sie im Auge, um ein Verbrennen zu vermeiden.

7 Nehmen Sie die selbst gemachten Doritos-Chips aus dem Ofen und lassen Sie sie vollständig abkühlen, bevor Sie sie servieren. Dies stellt sicher, dass die Chips ihre knusprige Textur behalten und verhindert Verbrennungen beim Verzehr.

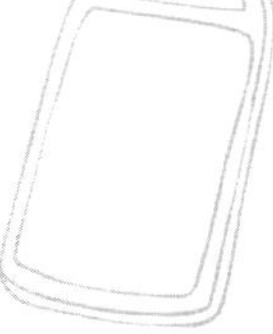

MATSCHBRÖTCHEN

4 Port.

10 Min.

Leicht

Zutaten

4 Brötchen (z. B. Hamburgerbrötchen)
200 g Schokoladenaufstrich (z. B. Nutella)
1 reife Banane

Optional:
2 EL gehackte Nüsse (z. B. Haselnüsse oder Walnüsse)

Nährwerte p. P.

400 kcal
61 g Kohlenhydrate
13 g Fett
6 g Protein

1 Schneiden Sie die Brötchen der Länge nach auf, ohne sie ganz durchzuschneiden. Bestreichen Sie die Innenseiten der Brötchen großzügig mit dem Schokoladenaufstrich.

2 Schälen Sie die Banane und schneiden Sie sie in dünne Scheiben. Legen Sie die Bananenscheiben auf den Schokoladenaufstrich in den Brötchen.

3 Wenn Sie möchten, können Sie gehackte Nüsse über die Bananenscheiben streuen.

4 Drücken Sie die Brötchen leicht zusammen, um die Füllung einzuschließen.

5 Genießen Sie die Matschbrötchen sofort oder wickeln Sie sie in Frischhaltefolie ein und nehmen Sie sie als Snack mit.

RUSSISCHE EIER

3 Port.

50 Min.

Leicht

Zutaten

6 Eier
4 EL Mayonnaise
1 TL Senf
1 TL Essig
Salz und Pfeffer nach Geschmack
Paprikapulver zum Garnieren

Optional:
Petersilie oder Schnittlauch zum Garnieren

Nährwerte p. P.

180 kcal
1 g Kohlenhydrate
15 g Fett
9 g Protein

1 Setzen Sie die Eier in einen Topf und füllen Sie genug Wasser ein, um die Eier vollständig zu bedecken. Bringen Sie das Wasser zum Kochen und lassen Sie die Eier für etwa 8-10 Minuten kochen.

2 Gießen Sie das heiße Wasser ab und spülen Sie die Eier unter kaltem Wasser ab, um sie abzukühlen.

3 Schälen Sie die abgekühlten Eier vorsichtig und halbieren Sie sie längs. Entfernen Sie vorsichtig die Eigelbe und geben Sie sie in eine Schüssel. Die Eiweiße beiseitelegen.

4 Zerdrücken Sie die Eigelbe mit einer Gabel und geben Sie Mayonnaise, Senf und Essig hinzu. Vermischen Sie alles, bis eine glatte Masse entsteht.

5 Schmecken Sie die Mischung mit Salz und Pfeffer ab und rühren Sie sie gut um.

6 Füllen Sie die Eiweiße mit der vorbereiteten Eigelb-Mischung. Sie können dies entweder mit einem Löffel machen oder die Masse in einen Spritzbeutel geben und dekorativ in die Eiweiße spritzen.

7 Bestreuen Sie die gefüllten Eier mit Paprikapulver. Nach Belieben können Sie die gefüllten Eier mit Petersilie oder Schnittlauch garnieren.

8 Kühlen Sie die russischen Eier für mindestens 30 Minuten im Kühlschrank, damit sie fest werden.

9 Servieren Sie die russischen Eier als Vorspeise oder Snack.

KÄSEBÄLLCHEN

4 Port.

50 Min.

Leicht

Zutaten

250 g Frischkäse
200 g geriebener Käse (z. B. Cheddar, Gouda oder Emmentaler)
Je ½ TL Knoblauch-, Zwiebel- und Paprikapulver
1 EL gehackte frische Kräuter (z. B. Petersilie oder Schnittlauch)
Salz und Pfeffer nach Geschmack

Optional:
Nüsse, Kräuter oder Gewürze zum Wälzen

Nährwerte p. P.

250 kcal
2 g Kohlenhydrate
20 g Fett
14 g Protein

1 Nehmen Sie eine Schüssel und vermischen Sie darin den Frischkäse, den geriebenen Käse, das Knoblauchpulver, das Zwiebelpulver, das Paprikapulver und die gehackten Kräuter miteinander. Achten Sie darauf, dass alle Zutaten gut verteilt sind.

2 Nun ist es an der Zeit, die Mischung mit Salz und Pfeffer abzuschmecken. Fügen Sie die Gewürze nach Ihrem persönlichen Geschmack hinzu. Mischen Sie die Masse gründlich, damit sich die Gewürze gleichmäßig verteilen und ein harmonischer Geschmack entsteht.

3 Formen Sie aus der Käsemasse kleine Bällchen. Nehmen Sie dafür jeweils eine kleine Menge der Masse und rollen Sie sie zwischen Ihren Handflächen zu glatten Kugeln. Legen Sie die Bällchen auf ein mit Backpapier ausgelegtes Blech.

4 Sie können die Käsebällchen nach Belieben in gehackten Nüssen, Kräutern oder Gewürzen wälzen. Dadurch erhalten sie zusätzliches Aroma und eine interessante Textur. Nehmen Sie einfach eine Handvoll der gewünschten Zutat und rollen Sie die Käsebällchen darin, bis sie vollständig bedeckt sind.

5 Damit die Käsebällchen ihre Form behalten und etwas fester werden, ist es ratsam, sie für mindestens 30 Minuten im Kühlschrank ruhen zu lassen. Dadurch können sich die Aromen entfalten und die Bällchen sind beim Servieren stabiler.

6 Kurz bevor Sie die Käsebällchen servieren möchten, nehmen Sie sie aus dem Kühlschrank und lassen Sie sie etwas Raumtemperatur annehmen. Tupfen Sie sie mit einem Papiertuch ab, um überschüssige Feuchtigkeit zu entfernen und die Konsistenz zu verbessern.

7 Die Käsebällchen können nun als leckerer Snack allein genossen oder zusammen mit Crackern oder Gemüsesticks serviert werden. Sie bieten eine vielseitige und köstliche Option für Partys, gesellige Zusammenkünfte oder einfach nur als Leckerbissen zwischendurch.

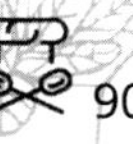

NACHOS MIT KÄSESOẞE

4 Port. 30 Min. Leicht

Zutaten

200 g Tortilla-Chips
200 g Cheddar-Käse, gerieben
2 EL Maismehl
300 ml Milch
1 EL Butter
Je ½ TL Paprika- und Konblauchpulver
Salz nach Geschmack

Optional:
¼ TL Cayennepfeffer

Nährwerte p. P.

400 kcal
30 g Kohlenhydrate
25 g Fett
12 g Protein

1 Heizen Sie den Backofen auf 180 °C (Ober-/Unterhitze) vor.

2 Legen Sie die Tortilla-Chips auf ein Backblech und streuen Sie den geriebenen Cheddar-Käse gleichmäßig darüber.

3 In einem kleinen Topf das Maismehl mit etwas Milch glatt rühren, um Klumpen zu vermeiden.

4 Fügen Sie die restliche Milch, Butter, Paprikapulver, Knoblauchpulver und Cayennepfeffer (falls gewünscht) hinzu. Erhitzen Sie die Mischung bei mittlerer Hitze und rühren Sie kontinuierlich, bis die Käsesoße dickflüssig wird.

5 Schmecken Sie die Käsesoße mit Salz ab und gießen Sie sie über die mit Käse bestreuten Tortilla-Chips.

6 Das Backblech in den vorgeheizten Ofen stellen und die Nachos 10-15 Minuten backen, bis der Käse geschmolzen und leicht goldbraun ist.

7 Die Nachos aus dem Ofen nehmen und etwas abkühlen lassen.

8 Optional können Sie die Nachos mit frischen gehackten Kräutern, gewürfelten Tomaten oder Jalapeños garnieren, um ihnen zusätzliches Aroma zu verleihen.

9 Servieren Sie die Nachos mit Käsesoße warm und genießen Sie sie als Snack.

PIZZA-ROLLS

4 Port.

35 Min.

Leicht

Zutaten

1 Pizzateig (fertig oder selbst gemacht)
200 g Pizza- oder Tomatensoße
200 g geriebener Mozzarella-Käse
100 g Peperoni oder andere gewünschte Pizzabeläge (z. B. Schinken, Paprika, Pilze)
Olivenöl zum Bestreichen

Optional:
1 TL italienische Kräuter

Nährwerte p. P.

300 kcal
25 g Kohlenhydrate
15 g Fett
15 g Protein

1 Heizen Sie den Backofen auf 200 °C (Ober-/Unterhitze) vor.

2 Rollen Sie den Pizzateig auf einer leicht bemehlten Arbeitsfläche aus und schneiden Sie ihn in Rechtecke oder Quadrate mit einer Größe von ca. 10×10 cm.

3 Verteilen Sie jeweils einen Esslöffel Pizza- oder Tomatensoße auf jedem Teigstück.

4 Legen Sie einige Stücke Peperoni oder andere gewünschte Pizzabeläge auf die Soße. Streuen Sie dann etwas geriebenen Mozzarella-Käse und italienische Kräuter darüber.

5 Rollen Sie die Teigstücke vorsichtig zu Rollen auf und legen Sie sie mit der Nahtseite nach unten auf ein mit Backpapier ausgelegtes Backblech.

6 Bestreichen Sie die Oberseite der Pizza-Rolls leicht mit Olivenöl, um ihnen beim Backen eine knusprige Textur zu verleihen.

7 Backen Sie die Pizza-Rolls im vorgeheizten Ofen für ca. 15-20 Minuten oder bis sie goldbraun und knusprig sind.

8 Nehmen Sie die Pizza-Rolls aus dem Ofen und lassen Sie sie etwas abkühlen, bevor Sie sie servieren.

9 Genießen Sie die Pizza-Rolls warm als Snack oder als Hauptgericht zusammen mit einem Dip oder einer zusätzlichen Tomatensoße.

CHICKEN-WINGS

4 Port.

45 Min.

Leicht

Zutaten

1 kg Chicken-Wings
2 EL Olivenöl
2 TL Paprikapulver
1 TL Knoblauchpulver
1 TL Zwiebelpulver
Salz und Pfeffer nach Geschmack

Optional:
BBQ-Soße oder ein anderer Dip zum Servieren
1 TL Chilipulver (optional für extra Schärfe)
2 EL Honig (optional für eine süße Note)

Nährwerte p. P.

300 kcal
1 g Kohlenhydrate
20 g Fett
30 g Protein

1 Heizen Sie den Backofen auf 200 °C (Ober-/Unterhitze) vor.

2 Vermischen Sie das Olivenöl, Paprikapulver, Knoblauchpulver, Zwiebelpulver, Chilipulver (falls gewünscht), Salz und Pfeffer in einer Schüssel.

3 Geben Sie die Chicken-Wings in die Schüssel und marinieren Sie sie gründlich mit der Gewürzmischung, bis sie gleichmäßig bedeckt sind.

4 Legen Sie ein Backblech mit Backpapier aus und platzieren Sie die marinierten Chicken-Wings darauf.

5 Die Chicken-Wings im vorgeheizten Ofen für ca. 25-30 Minuten backen, bis sie goldbraun und durchgegart sind. Sie können die Wings nach der Hälfte der Backzeit wenden, um sicherzustellen, dass sie gleichmäßig gebräunt werden.

6 Optional können Sie die Chicken-Wings in den letzten 5 Minuten der Backzeit mit etwas Honig bestreichen, um ihnen eine süße Note zu verleihen.

7 Nehmen Sie die Chicken-Wings aus dem Ofen und lassen Sie sie etwas abkühlen.

8 Servieren Sie die Chicken-Wings warm als Snack oder Hauptgericht. Sie können sie nach Belieben mit BBQ-Soße oder anderen Dips servieren.

RUMKUGELN

4 Port.

45 Min.

Leicht

Zutaten

200 g Löffelbiskuit
100 g gemahlene Haselnüsse
50 g Puderzucker
2 EL ungesüßter Kakao
100 g Zartbitterschokolade
3 EL Rum (alternativ: Rum-Aroma)
Kokosraspeln oder Schokoladenstreusel zum Wälzen

Nährwerte p. P.

180 kcal
19 g Kohlenhydrat
10 g Fett
3 g Protein

1 Zerbröseln Sie den Löffelbiskuit in einer Schüssel. Geben Sie die gemahlenen Haselnüsse, den Puderzucker und den Kakao hinzu. Vermengen Sie alles gut miteinander.

2 Schmelzen Sie die Zartbitterschokolade über einem Wasserbad oder in der Mikrowelle, bis sie komplett geschmolzen ist.

3 Gießen Sie die geschmolzene Schokolade und den Rum über die Biskuitmischung. Rühren Sie alles gründlich durch, bis eine gleichmäßige Masse entsteht.

4 Stellen Sie die Schüssel für etwa 30 Minuten in den Kühlschrank, damit die Masse etwas fester wird.

5 Formen Sie mit den Händen kleine Kugeln aus der Masse. Rollen Sie die Rumkugeln in Kokosraspeln oder Schokoladenstreuseln, um sie zu verzieren und ihnen zusätzlichen Geschmack zu verleihen.

6 Bewahren Sie die Rumkugeln im Kühlschrank auf, bis sie fest sind und servieren Sie sie dann.

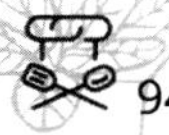

PUMPERNICKEL-STREICHKÄSE-SNACK

 4 Port.

 15 Min.

  Leicht

Zutaten

4 Scheiben Pumpernickel-Brot
100 g Streichkäse nach Wahl (z. B. Frischkäse, Kräuterquark oder Ziegenkäse)

Optional:
frische Kräuter (z. B. Schnittlauch oder Petersilie) zum Garnieren

Nährwerte p. P.

150 kcal
21 g Kohlenhydrate
5 g Fett
6 g Protein

1 Legen Sie die Pumpernickel-Brotscheiben auf eine Arbeitsfläche.

2 Streichen Sie den Streichkäse großzügig auf jede Scheibe Pumpernickel-Brot. Sie können eine gleichmäßige Schicht auftragen oder den Streichkäse nach Belieben strukturieren.

3 Optional können Sie frische Kräuter wie Schnittlauch oder Petersilie fein hacken und über den Streichkäse streuen, um den Geschmack und die Optik zu verbessern.

4 Schneiden Sie die bestrichenen Pumpernickel-Scheiben in kleinere Stücke, wie zum Beispiel Quadrate oder Dreiecke, um sie als Snackhäppchen anzurichten.

5 Sie können die Streichkäse-Pumpernickel-Snacks sofort servieren oder vor dem Genuss für einige Zeit im Kühlschrank ziehen lassen, damit sich die Aromen gut entfalten können.

6 Genießen Sie diese köstlichen Streichkäse-Pumpernickel-Snacks als leichten Snack oder als Teil einer Partyplatte. Sie bieten eine harmonische Kombination aus dem herzhaften Geschmack des Pumpernickel-Brotes und der cremigen Textur des Streichkäses.

KÄSESPIEßE

4 Port. 20 Min. Leicht

Zutaten

Verschiedene Sorten Käse nach Wahl (z. B. Gouda, Cheddar, Mozzarella)
Cocktailtomaten
Oliven (schwarze oder grüne)
Holzspieße

Optional:
Mini-Salami, Mini-Würstchen oder luftgetrockneter Schinken

Nährwerte p. P.

200 kcal
2 g Kohlenhydrate
15 g Fett
12 g Protein

1 Schneiden Sie den Käse in würfelgroße Stücke. Die Tomaten und Oliven können ganz gelassen werden.

2 Optional können Sie Mini-Salami, Mini-Würstchen oder luftgetrockneten Schinken in mundgerechte Stücke schneiden.

3 Stecken Sie die Käsestücke, Tomaten, Oliven und optionalen Fleischstücke abwechselnd auf die Holzspieße. Sie können die Reihenfolge und Zusammenstellung nach Ihrem Geschmack variieren.

4 Arrangieren Sie die Käsespieße auf einer Servierplatte oder einem Teller.

5 Die Käsespieße können entweder direkt serviert oder vor dem Servieren für einige Zeit im Kühlschrank gekühlt werden.

6 Genießen Sie diese köstlichen Käsespieße als Snack, Vorspeise oder Teil eines Buffets. Sie sind vielseitig, einfach zuzubereiten und bieten eine schöne Kombination aus herzhaftem Käse, saftigen Tomaten und würzigen Oliven.

Soßen, Dips & Cremes

SAUCE HOLLANDAISE

6 Port.

20 Min.

Leicht

Zutaten

3 Eigelb
200 g Butter
Saft einer halben Zitrone
Salz und Pfeffer nach Geschmack

Nährwerte p. P.

440 kcal
1 g Kohlenhydrate
48 g Fett
3 g Eiweiß
0 g Ballaststoffe

1 Schmelzen Sie die Butter in einem kleinen Topf bei niedriger Hitze. Lassen Sie die Butter dann leicht abkühlen, damit sie nicht zu heiß für die Eigelbe wird. Dies gewährleistet, dass die Eigelbe nicht gerinnen.

2 Vermischen Sie die Eigelbe und den Saft einer halben Zitrone in einer hitzebeständigen Schüssel. Achten Sie darauf, dass die Schüssel groß genug ist, um genügend Platz für das Rühren zu bieten.

3 Stellen Sie die Schüssel über ein Wasserbad, das leicht simmert. Dabei sollten Sie darauf achten, dass die Schüssel das Wasser nicht berührt. Das sanfte Erhitzen über dem Wasserbad hilft, die Soße gleichmäßig zu erhitzen und eine sanfte Konsistenz zu erreichen.

4 Unter ständigem Rühren mit einem Schneebesen erhitzen Sie die Eigelb-Zitronen-Mischung über dem Wasserbad. Rühren Sie kontinuierlich, damit sich keine Klumpen bilden und die Soße gleichmäßig erhitzt wird. Die Mischung wird nach einiger Zeit leicht aufschäumen und dicker werden.

5 Fügen Sie nach und nach die geschmolzene Butter langsam zur Eigelb-Mischung hinzu, während Sie weiterhin kräftig rühren, um eine Emulsion zu bilden. Gießen Sie die Butter in einem dünnen, gleichmäßigen Strahl, um sicherzustellen, dass sie sich gut mit den Eigelben verbindet. Das ständige Rühren gewährleistet eine glatte und cremige Konsistenz.

6 Sobald die Butter vollständig eingearbeitet ist und die Soße eine cremige Konsistenz hat, nehmen Sie die Schüssel vom Wasserbad. Achten Sie darauf, dass keine Wasserdampftropfen in die Soße gelangen, da dies die Konsistenz beeinträchtigen könnte.

7 Schmecken Sie die Soße mit Salz und Pfeffer ab, um den Geschmack nach Ihren Vorlieben anzupassen. Geben Sie nach Bedarf etwas mehr Zitronensaft hinzu, um die Säure zu verstärken.

PFEFFERSOßE

6 Port.

20 Min.

Leicht

Zutaten

2 EL Butter
1 Zwiebel, fein gehackt
2 Knoblauchzehen, fein gehackt
2 TL schwarze Pfefferkörner, grob gemahlen
250 ml Rinderbrühe
200 ml Sahne
Salz nach Geschmack

Nährwerte p. P.

200 kcal
4 g Kohlenhydrate
19 g Fett
2 g Eiweiß
0 g Ballaststoffe

1 Lassen Sie die Butter in einer Pfanne bei mittlerer Hitze schmelzen, bis sie. Dies kann etwa 1-2 Minuten dauern.

2 Geben Sie die fein gehackte Zwiebel und den Knoblauch in die Pfanne und rühren Sie sie ein. Schwitzen Sie die Zwiebel und den Knoblauch unter ständigem Rühren etwa 2-3 Minuten an, bis sie weich und leicht gebräunt sind. Dies verleiht der Soße ein köstliches Aroma.

3 Geben Sie den grob gemahlenen schwarzen Pfeffer in die Pfanne und rösten Sie ihn kurz an, um das Aroma freizusetzen. Rühren Sie den Pfeffer etwa 30 Sekunden lang um und achten Sie darauf, dass er nicht verbrennt.

4 Gießen Sie die Rinderbrühe in die Pfanne und erhöhen Sie die Hitze. Bringen Sie die Soße zum Kochen und reduzieren Sie dann die Hitze auf die mittlere Stufe. Lassen Sie die Soße für einige Minuten sanft köcheln, damit sich die Aromen vermischen und die Flüssigkeit reduziert wird.

5 Fügen Sie die Sahne zur Soße hinzu und lassen Sie sie weiter köcheln, bis die Soße leicht eingedickt ist und die gewünschte Konsistenz erreicht hat. Dies dauert normalerweise etwa 5-7 Minuten. Rühren Sie gelegentlich, um sicherzustellen, dass die Soße nicht anbrennt.

6 Schmecken Sie die Pfeffersoße mit Salz ab, um den Geschmack nach Ihren Vorlieben anzupassen. Bei Bedarf können Sie auch noch etwas mehr grob gemahlenen schwarzen Pfeffer hinzufügen, um die Schärfe zu verstärken.

7 Nehmen Sie die Pfanne vom Herd und servieren Sie die Pfeffersoße warm zu Ihrem Gericht. Sie passt gut zu Steak, gegrilltem Fleisch oder auch Gemüse.

SAUCE BÉARNAISE

6 Port. 20 Min. Leicht

Zutaten

3 Eigelb
200 g Butter
2 EL Estragon, fein gehackt
2 EL Weißweinessig
2 EL Wasser
Salz und Pfeffer nach Geschmack

Nährwerte p. P.

400 kcal
1 g Kohlenhydrate
44 g Fett
3 g Eiweiß
0 g Ballaststoffe

1 Schmelzen Sie die Butter in einem kleinen Topf bei niedriger Hitze. Lassen Sie die Butter dann leicht abkühlen, damit sie nicht zu heiß für die Eigelbe wird.

2 Vermischen Sie die Eigelbe, den Estragon, den Weißweinessig und das Wasser in einer hitzebeständigen Schüssel gründlich miteinander.

3 Stellen Sie die Schüssel über ein Wasserbad, das leicht simmert. Achten Sie darauf, dass die Schüssel das Wasser nicht berührt, um eine schonende Erhitzung der Eigelb-Mischung zu gewährleisten.

4 Während Sie die Eigelb-Mischung über dem Wasserbad erhitzen, rühren Sie kontinuierlich mit einem Schneebesen. Halten Sie den Rührvorgang aufrecht, bis die Mischung leicht aufschäumt und dicker wird.

5 Fügen Sie nach und nach die geschmolzene Butter zur Eigelb-Mischung hinzu, während Sie weiterhin kräftig rühren. Gießen Sie die Butter in einem dünnen, gleichmäßigen Strahl, um sicherzustellen, dass sie sich gut mit den Eigelben verbindet und eine geschmeidige Emulsion entsteht.

6 Sobald die Butter vollständig eingearbeitet ist und die Soße eine cremige Konsistenz hat, nehmen Sie die Schüssel vom Wasserbad. Achten Sie darauf, dass keine Wasserdampftropfen in die Soße gelangen, da dies die Konsistenz beeinträchtigen könnte.

7 Schmecken Sie die Soße mit Salz und Pfeffer ab und fügen Sie bei Bedarf mehr Estragon hinzu, um den Geschmack zu intensivieren. Mischen Sie die Zutaten gut, um eine harmonische Aromenkombination zu erreichen.

ORANGENSOẞE

6 Port.

20 Min.

Leicht

Zutaten

2 Orangen
1 EL Butter
1 EL Mehl
250 ml Gemüsebrühe
1 EL Zucker
Salz und Pfeffer nach Geschmack

Nährwerte p. P.

60 kcal
10 g Kohlenhydrate
2 g Fett
6 g Zucker
1 g Eiweiß
2 g Ballaststoffe

1 Pressen Sie den Saft aus den beiden Orangen und stellen Sie ihn beiseite. Dieser frische Orangensaft wird die Basis der Soße sein und ihr einen fruchtigen Geschmack verleihen.

2 Lassen Sie die Butter in einem kleinen Topf bei mittlerer Hitze schmelzen. Sobald die Butter geschmolzen ist, fügen Sie das Mehl hinzu und rühren Sie es gründlich um, um eine Mehlschwitze zu bilden. Dadurch entsteht eine Basis für die Soße, die für eine leicht cremige Konsistenz sorgt.

3 Gießen Sie langsam die Gemüsebrühe in den Topf und rühren Sie dabei ständig, um Klumpenbildung zu vermeiden. Das langsame Hinzufügen der Brühe und das kontinuierliche Rühren gewährleisten eine gleichmäßige Verteilung des Mehl-Butter-Gemischs und eine geschmeidige Konsistenz der Soße.

4 Fügen Sie nun den zuvor beiseite gestellten Orangensaft und den Zucker hinzu. Rühren Sie die Soße gut um, um alle Zutaten miteinander zu vermischen und eine homogene Mischung zu erhalten. Lassen Sie die Soße bei mittlerer Hitze köcheln, bis sie leicht eingedickt ist. Dies dauert normalerweise etwa 5-7 Minuten und ermöglicht es der Soße, Aromen zu entwickeln und die gewünschte Konsistenz zu erreichen.

5 Schmecken Sie die Soße mit Salz und Pfeffer ab, um den Geschmack nach Ihren Vorlieben anzupassen.

6 Sie können je nach Geschmack mehr Salz für eine herzhafte Note oder mehr Pfeffer für eine würzigere Soße hinzufügen. Achten Sie darauf, die Soße während des Abschmeckens gut umzurühren, um die Gewürze gleichmäßig zu verteilen.

Tipp: Sie können diese köstliche Orangensoße zu einer Vielzahl von Gerichten servieren, wie zum Beispiel zu gebratenem Huhn, gegrilltem Fisch oder Gemüse. Die frische und fruchtige Note der Orangen verleiht den Gerichten eine erfrischende und aromatische Komponente.

CHAMPIGNONSOẞE

6 Port.

20 Min.

Leicht

Zutaten

250 g Champignons, in Scheiben geschnitten
2 EL Butter
1 kleine Zwiebel, fein gehackt
2 Knoblauchzehen, fein gehackt
250 ml Gemüsebrühe
200 ml Sahne
1 EL Mehl
Salz und Pfeffer nach Geschmack

Optional:
frische Kräuter (z. B. Petersilie) zum Garnieren

Nährwerte p. P.

240 kcal
9 g Kohlenhydrate
20 g Fett
3 g Zucker
6 g Eiweiß
1 g Ballaststoffe

1 In einer Pfanne bei mittlerer Hitze die Butter schmelzen lassen. Fügen Sie die gehackte Zwiebel und den Knoblauch hinzu und braten Sie sie etwa 2-3 Minuten an, bis sie weich und leicht gebräunt sind.

2 Geben Sie die Champignonscheiben in die Pfanne und braten Sie sie unter gelegentlichem Rühren, bis sie goldbraun und leicht gekocht sind. Dies dauert normalerweise etwa 5-7 Minuten.

3 Fügen Sie das Mehl hinzu und rühren Sie es gut um, um die Champignons und das Gemüse mit einer dünnen Mehlschicht zu überziehen. Dadurch wird die Soße etwas eingedickt.

4 Gießen Sie langsam die Gemüsebrühe in die Pfanne und rühren Sie dabei ständig, um eine glatte Konsistenz zu erreichen und Klumpenbildung zu vermeiden.

5 Fügen Sie die Sahne hinzu und lassen Sie die Soße leicht köcheln, bis sie etwas eingedickt ist und die gewünschte Konsistenz erreicht hat. Dies dauert normalerweise etwa 5-7 Minuten. Rühren Sie gelegentlich um, um ein Anbrennen oder Anhaften der Soße zu verhindern.

6 Schmecken Sie die Soße mit Salz und Pfeffer ab und passen Sie den Geschmack nach Bedarf an.

KÄSEDIP

6 Port.

20 Min.

Leicht

Zutaten

200 g Cheddar-Käse, gerieben
200 ml Sahne
1 EL Mehl
1 Knoblauchzehe, fein gehackt
1 TL Senf
Salz und Pfeffer nach Geschmack

Optional:
Prise Cayennepfeffer

Nährwerte p. P.

130 kcal
2 g Kohlenhydrate
11 g Fett
6 g Eiweiß
0 g Zucker
0 g Ballaststoffe

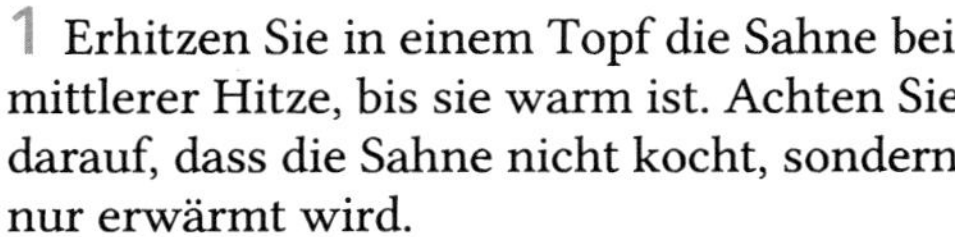

1 Erhitzen Sie in einem Topf die Sahne bei mittlerer Hitze, bis sie warm ist. Achten Sie darauf, dass die Sahne nicht kocht, sondern nur erwärmt wird.

2 Fügen Sie das Mehl zum Binden hinzu und rühren Sie gründlich um, um Klumpenbildung zu vermeiden. Mischen Sie das Mehl gut mit der Sahne, bis es sich vollständig aufgelöst hat.

3 Geben Sie nach und nach den geriebenen Cheddar-Käse zur Sahne-Mehl-Mischung hinzu. Rühren Sie kontinuierlich, um den Käse zu schmelzen und eine glatte Käsesoße entstehen zu lassen. Der Käse sollte sich vollständig auflösen und eine cremige Konsistenz erlangen.

4 Fügen Sie die gehackte Knoblauchzehe und den Senf hinzu. Optional können Sie auch eine Prise Cayennepfeffer für eine pikante Note hinzufügen. Rühren Sie alle Zutaten gut um, um sicherzustellen, dass sie sich gleichmäßig verteilen und der Geschmack intensiviert wird.

5 Schmecken Sie den Käsedip mit Salz und Pfeffer ab und passen Sie die Gewürze nach Bedarf an. Probieren Sie den Dip und entscheiden Sie, ob er die richtige Menge an Salz und Pfeffer hat. Passen Sie die Gewürze entsprechend an, um den gewünschten Geschmack zu erreichen.

6 Sie können den köstlichen Käsedip mit Crackern, Tortilla-Chips, Gemüsesticks oder Brot servieren. Er eignet sich perfekt für Partys, gesellige Zusammenkünfte oder einfach als leckerer Snack.

GUACAMOLE

6 Port.

20 Min.

Leicht

Zutaten

2 reife Avocados
1 Tomate, entkernt und gewürfelt
¼ Zwiebel, fein gehackt
1 Knoblauchzehe, fein gehackt
½ Limette, Saft
1 EL frischer Koriander, gehackt
Salz und Pfeffer nach Geschmack

Nährwerte p. P.

80 kcal
4 g Kohlenhydrate
7 g Fett
1 g Eiweiß
0 g Zucker
3 g Ballaststoffe

1 Schneiden Sie die Avocados der Länge nach auf. Entfernen Sie den Kern und löffeln Sie das Fruchtfleisch in eine Schüssel.

2 Zerdrücken Sie die Avocados mit einer Gabel, bis eine cremige Konsistenz erreicht ist. Einige kleine Avocado-Stückchen dürfen gerne erhalten bleiben.

3 Fügen Sie die gewürfelte Tomate, die gehackte Zwiebel, den gehackten Knoblauch und den Saft einer halben Limette hinzu. Mischen Sie alles gut zusammen.

4 Fügen Sie den gehackten frischen Koriander hinzu und rühren Sie ihn vorsichtig unter.

5 Mit Salz und Pfeffer abschmecken und bei Bedarf anpassen.

KRABBENDIP

6 Port.

20 Min.

Leicht

Zutaten

200 g Krabbenfleisch, gekocht und zerkleinert
150 g Frischkäse
50 g Mayonnaise
1 EL Zitronensaft
1 TL Worcestersauce
Je ¼ TL Knoblauch-, Zwiebel- und Paprikapulver
1 EL frischer Schnittlauch, fein gehackt
Salz und Pfeffer nach Geschmack

Nährwerte p. P.

120 kcal
2 g Kohlenhydrate
10 g Fett
1 g Zucker
6 g Eiweiß
0 g Ballaststoffe

1 Vermengen Sie den Frischkäse, die Mayonnaise, den Zitronensaft und die Worcestersauce gründlich in einer Schüssel, bis eine glatte Mischung entsteht. Achten Sie darauf, dass alle Zutaten gut miteinander vermischt sind.

2 Fügen Sie das gekochte und zerkleinerte Krabbenfleisch hinzu und mischen Sie es vorsichtig unter die Frischkäse-Mischung. Achten Sie darauf, dass das Krabbenfleisch gleichmäßig verteilt ist und sich gut mit der Soße verbindet.

3 Geben Sie das Knoblauchpulver, das Zwiebelpulver und das Paprikapulver in die Schüssel. Rühren Sie die Gewürze gründlich unter, um den Geschmack gleichmäßig zu verteilen. Die Gewürze verleihen dem Dip eine aromatische Note.

4 Nun geben Sie den gehackten frischen Schnittlauch in die Mischung. Mischen Sie ihn vorsichtig unter, sodass der Schnittlauch gleichmäßig verteilt ist. Der Schnittlauch fügt dem Dip eine frische und würzige Komponente hinzu.

5 Schmecken Sie den Krabbendip mit Salz und Pfeffer ab und passen Sie den Geschmack bei Bedarf an. Geben Sie nach Ihrem persönlichen Geschmack mehr Salz, Pfeffer oder andere Gewürze hinzu, um den Dip Ihren Vorlieben anzupassen.

6 Sie können den Krabbendip als Vorspeise, Party-Snack oder Beilage servieren. Er passt gut zu Crackern, Baguette-Scheiben oder Gemüsesticks. Genießen Sie den Dip in geselliger Runde oder bei besonderen Anlässen.

SOURCREAM

6 Port. 20 Min. Leicht

Zutaten

250 g Sauerrahm
1 EL frische Zitronensaft
Je 1 TL gehackte frische Petersilie, Dill und Schnittlauch
½ TL Knoblauchpulver
Salz und Pfeffer nach Geschmack

Nährwerte p. P.

80 kcal
3 g Kohlenhydrate
7 g Fett
2 g Zucker
2 g Eiweiß
0 g Ballaststoffe

1 Geben Sie den Sauerrahm und den frischen Zitronensaft in eine Schüssel. Rühren Sie sie gut um, bis sie sich gut vermischen.

2 Fügen Sie die gehackte Petersilie, den gehackten Dill und den gehackten Schnittlauch hinzu. Rühren Sie sie vorsichtig unter die Sauerrahm-Mischung, um die Kräuter gleichmäßig zu verteilen.

3 Geben Sie das Knoblauchpulver in die Mischung und vermischen Sie alles gut miteinander. Das Knoblauchpulver verleiht dem Sauerrahm einen würzigen Geschmack.

4 Schmecken Sie die Sourcream mit Salz und Pfeffer ab und passen Sie die Gewürze bei Bedarf an. Fügen Sie nach Geschmack etwas Salz und Pfeffer hinzu und rühren Sie erneut um.

RANCHDIP

6 Port.

20 Min.

Leicht

Zutaten

100 ml saure Sahne
50 g Mayonnaise
Je 1 TL getrocknetes Dillkraut und Petersilie
Je 1 TL getrocknete Zwiebel- und Knoblauchpulver
1 TL Zitronensaft
Salz und Pfeffer nach Geschmack

Nährwerte p. P.

140 kcal
2 g Kohlenhydrate
14 g Fett
1 g Zucker
1 g Eiweiß
0 g Ballaststoffe

1 Geben Sie die saure Sahne und die Mayonnaise in eine Schüssel. Rühren Sie sie gut um, bis sie sich vermischen.

2 Fügen Sie das getrocknete Dillkraut, die getrocknete Petersilie, das getrocknete Zwiebelpulver und das getrocknete Knoblauchpulver hinzu. Rühren Sie die Gewürze gut unter, um den Geschmack gleichmäßig zu verteilen.

3 Geben Sie den Zitronensaft in die Mischung und rühren Sie gut um, um den Geschmack zu intensivieren und die Aromen zu vereinen.

4 Schmecken Sie mit Salz und Pfeffer ab. Fügen Sie nach Geschmack etwas Salz und Pfeffer hinzu und rühren Sie erneut um.

PUDDINGCREME

   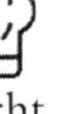

4 Port. 20 Min. Leicht

Zutaten

500 ml Milch
4 EL Zucker
3 EL Maisstärke
2 Eigelb
1 TL Vanilleextrakt

Optional:
Schlagsahne und Früchte (zum Servieren)

Nährwerte p. P.

190 kcal
30 g Kohlenhydrate
5 g Fett
6 g Eiweiß
0 g Ballaststoffe

1 Bringen Sie die Milch in einem Topf zum Kochen.

2 Vermischen Sie den Zucker, die Maisstärke und die Eigelbe in einer separaten Schüssel gründlich, bis eine glatte Mischung entsteht.

3 Gießen Sie die heiße Milch langsam zur Zucker-Maisstärke-Mischung, während Sie kontinuierlich umrühren, um Klumpenbildung zu vermeiden.

4 Gießen Sie die gesamte Mischung zurück in den Topf und erhitzen Sie sie bei mittlerer Hitze, während Sie konstant rühren. Lassen Sie die Mischung eindicken, sodass sie zu einem Pudding wird. Dieser Vorgang dauert in der Regel etwa 5-7 Minuten.

5 Sobald der Pudding die gewünschte Konsistenz erreicht hat, nehmen Sie den Topf vom Herd und rühren Sie den Vanilleextrakt ein.

6 Füllen Sie die Puddingcreme in Dessertschalen oder Gläser und lassen Sie sie abkühlen.

7 Optional können Sie die Puddingcreme mit Schlagsahne und Früchten garnieren, bevor Sie sie servieren.

BUTTERCREME

4 Port.

20 Min.

Leicht

Zutaten

200 g weiche Butter
400 g Puderzucker
2 TL Vanilleextrakt
2-3 EL Milch

Nährwerte p. P.

160 kcal
20 g Kohlenhydrate
9 g Fett
0 g Eiweiß
0 g Ballaststoffe

1 Nehmen Sie eine große Schüssel und geben Sie die weiche Butter hinein. Verwenden Sie entweder einen Handmixer oder eine Küchenmaschine, um die Butter cremig zu schlagen. Dieser Schritt hilft, die Butter geschmeidig zu machen.

2 Fügen Sie nach und nach den Puderzucker hinzu und vermischen Sie ihn gut mit der Butter. Mischen Sie weiter, bis eine glatte Masse entsteht. Dadurch wird die Buttercreme süß und bekommt eine angenehme Textur.

3 Geben Sie den Vanilleextrakt in die Schüssel und rühren Sie weiter, um ihn gleichmäßig in der Buttercreme zu verteilen. Die Zugabe von Vanilleextrakt verleiht der Buttercreme einen aromatischen Geschmack.

4 Falls die Buttercreme zu dick erscheint, können Sie nach und nach etwas Milch hinzufügen. Fügen Sie die Milch schrittweise hinzu und rühren Sie weiter, bis die gewünschte Konsistenz erreicht ist. Seien Sie vorsichtig, um keine zu flüssige Buttercreme zu erhalten. Die Milch hilft, die Buttercreme geschmeidiger zu machen.

5 Sobald die Buttercreme glatt und gut vermengt ist, kann sie weiterverwendet werden. Sie können die Buttercreme zum Dekorieren von Kuchen, Cupcakes oder anderen Desserts verwenden. Genießen Sie Ihre selbstgemachte Buttercreme!

Getränke

FRUCHTBOWLE

4 Port. 15 Min. Leicht

Zutaten

500 ml Weißwein oder Sekt
250 ml Fruchtsaft (z. B. Orangensaft, Apfelsaft oder Traubensaft)
250 ml Limonade (z. B. Zitronenlimonade oder Sprite)
Frische Früchte nach Belieben (z. B. Erdbeeren, Himbeeren, Orangenscheiben, Zitro-nenscheiben)

Optional:
Eiswürfel zum Kühlen

1 Waschen Sie die frischen Früchte gründlich und schneiden Sie sie in Scheiben oder Stücke.

2 mischen Sie den Weißwein oder Sekt in einer großen Bowleschüssel mit dem Fruchtsaft und der Limonade.

3 Fügen Sie die geschnittenen Früchte zur Bowle hinzu und rühren Sie vorsichtig um.

4 Stellen Sie die Bowle für mindestens 1 Stunde in den Kühlschrank, damit sich die Aromen der Früchte entfalten können.

5 Vor dem Servieren können Sie optional Eiswürfel hinzufügen, um die Bowle kühl zu halten.

6 Gießen Sie die fruchtige Bowle in Gläser oder Becher und garnieren Sie sie nach Belieben mit zusätzlichen Früchten.

Nährwerte p. P.

120 kcal
30 g Kohlenhydrate
0 g Fett
1 g Protein
2 g Ballaststoffe

GRASHOPPER

1 Port.

15 Min.

Leicht

Zutaten

30 ml grüner Crème de Menthe
30 ml weißer Crème de Cacao
30 ml Sahne
Eiswürfel zum Kühlen

Optional:
Minzblätter zur Garnierung

Nährwerte p. P.

220 kcal
21 g Kohlenhydrate
3 g Fett
1 g Protein
0 g Ballaststoffe

1 Füllen Sie einen Cocktail-Shaker halb mit Eiswürfeln.

2 Geben Sie die grüne Crème de Menthe, den weißen Crème de Cacao und die Sahne in den Shaker.

3 Schütteln Sie den Cocktail-Shaker kräftig für etwa 15-20 Sekunden, um die Zutaten gut zu vermischen und abzukühlen.

4 Gießen Sie den Grasshopper-Cocktail durch ein Barsieb in ein gekühltes Cocktail- oder Martini-Glas.

5 Optional können Sie den Cocktail mit einigen Minzblättern garnieren.

6 Servieren Sie den Grasshopper sofort und genießen Sie ihn gekühlt.

WHITE RUSSIAN

1 Port.

15 Min.

Leicht

Zutaten

45 ml Wodka
30 ml Kahlua (Kaffeelikör)
30 ml Sahne oder Milch
Eiswürfel zum Kühlen

Nährwerte p. P.

260 kcal
12 g Kohlenhydrate
7 g Fett
1 g Protein
0 g Ballaststoffe

1 Füllen Sie ein Old-Fashioned-Glas oder einen Tumbler halb mit Eiswürfeln.

2 Gießen Sie den Wodka und den Kahlua über das Eis. Fügen Sie die Sahne oder Milch hinzu.

3 Rühren Sie den Cocktail vorsichtig um, um die Zutaten zu vermischen.

4 Optional können Sie den White Russian mit einem Strohhalm servieren.

5 Genießen Sie den White Russian langsam und gekühlt.

EISKAFFEE

1 Port.

15 Min.

Leicht

Zutaten

1 Tasse frisch gebrühter Kaffee
1-2 TL Zucker (nach Geschmack)
½ Tasse Milch
Eiswürfel

Optional:
Schlagsahne
Kakaopulver oder Schokoladensirup zur Garnierung

Nährwerte p. P.

60 kcal
10 g Kohlenhydrate
1 g Fett
2 g Protein
0 g Ballaststoffe

1 Brühen Sie eine Tasse Kaffee auf und lassen Sie ihn abkühlen. Sie können auch bereits aufgebrühten Kaffee verwenden und ihn im Kühlschrank abkühlen lassen.

2 Geben Sie den abgekühlten Kaffee in ein Glas und fügen Sie nach Belieben Zucker hinzu. Rühren Sie gut um, bis sich der Zucker aufgelöst hat.

3 Fügen Sie die Milch hinzu und rühren Sie erneut um, um den Kaffee und die Milch zu vermischen.

4 Füllen Sie ein Glas mit Eiswürfeln und gießen Sie den Kaffee-Milch-Mix über das Eis.

5 Optional können Sie eine Schicht Schlagsahne auf den Eiskaffee geben und sie mit Kakaopulver oder Schokoladensirup garnieren.

6 Rühren Sie den Eiskaffee vorsichtig um und servieren Sie ihn sofort.

EISTEE

1 Port.

20 Min.

Leicht

Zutaten

4 Teebeutel schwarzer Tee oder Tee Ihrer Wahl
4 Tassen Wasser
2-3 EL Zucker oder Süßungsmittel nach Geschmack
Eiswürfel

Optional:
Frische Zitronenscheiben oder Minzblätter

Nährwerte p. P.

80 kcal
20 g Kohlenhydrate
0 g Fett
15 g Zucker
0 g Eiweiß

1 Bringen Sie 4 Tassen Wasser zum Kochen. Geben Sie die Teebeutel in eine hitzebeständige Schüssel oder Kanne und gießen Sie das kochende Wasser darüber. Lassen Sie den Tee für etwa 5-10 Minuten ziehen, je nachdem, wie stark Sie den Geschmack mögen.

2 Entfernen Sie die Teebeutel und fügen Sie Zucker oder ein Süßungsmittel Ihrer Wahl hinzu. Rühren Sie gut um, bis der Zucker vollständig gelöst ist. Sie können die Menge des Zuckers je nach persönlichem Geschmack anpassen.

3 Lassen Sie den Tee abkühlen, indem Sie ihn entweder bei Raumtemperatur stehen lassen oder ihn in den Kühlschrank stellen. Wenn Sie es eilig haben, können Sie den Tee auch über Eiswürfel gießen, um den Abkühlungsprozess zu beschleunigen.

4 Sobald der Tee abgekühlt ist, nehmen Sie ein großes Glas und füllen Sie es mit Eiswürfeln. Gießen Sie den Tee über das Eis und rühren Sie um, um ihn gut zu mischen.

5 Dekorieren Sie den Eistee nach Belieben mit frischen Zitronenscheiben oder Minzblättern für eine zusätzliche Geschmacksnote und ein ansprechendes Aussehen.

SMOOTHIE

1 Port. 20 Min. Leicht

Zutaten

1 reife Banane
1 Tasse gefrorene Früchte (z. B. Beeren, Mangos oder Ananas)
1 Tasse grünes Blattgemüse (z. B. Spinat oder Grünkohl)
1 Tasse Flüssigkeit (z. B. Wasser, Mandelmilch oder Orangensaft)

Optional:
1 EL Honig oder ein Süßungsmittel nach Geschmack
Eiswürfel

Nährwerte p. P.

200 kcal
40 g Kohlenhydrate,
2 g Fett
25 g Zucker
4 g Eiweiß

1 Schälen Sie die reife Banane und brechen Sie sie in Stücke. Geben Sie die Bananenstücke in den Mixer.

2 Fügen Sie die gefrorenen Früchte hinzu. Sie können eine Mischung aus verschiedenen Früchten verwenden oder sich für eine spezifische Sorte entscheiden.

3 Geben Sie das grüne Blattgemüse in den Mixer. Spinat und Grünkohl sind beliebte Optionen, aber Sie können auch andere grüne Blattgemüsesorten verwenden.

4 Gießen Sie die Flüssigkeit Ihrer Wahl in den Mixer. Wasser ist eine gute Option für einen kalorienarmen Smoothie, aber Sie können auch Mandelmilch, Sojamilch, Kokosnusswasser oder Orangensaft verwenden, um den Geschmack zu variieren.

5 Wenn Sie einen süßeren Geschmack bevorzugen, können Sie einen Esslöffel Honig oder ein anderes Süßungsmittel hinzufügen. Beachten Sie, dass dies den Zuckergehalt erhöht.

6 Optional können Sie ein paar Eiswürfel hinzufügen, um den Smoothie kälter und erfrischender zu machen.

7 Mixen Sie alle Zutaten im Mixer, bis der Smoothie eine cremige Konsistenz hat und keine Stücke mehr vorhanden sind.

8 Gießen Sie den Smoothie in ein Glas und genießen Sie ihn sofort.